Cathy Germain

La petite fille au sourire figé

Parcours d'une femme dans l'urgence de vivre

W0337526

©Cathy Germain, 2024

ISBN numérique : 9791040554455

EAN papier : 9791040554462

Librinova

Courriel : contact@librinova.com
Internet : www.librinova.com

Le Code de la propriété intellectuelle interdit les copies ou reproductions destinées à une utilisation collective. Toute représentation ou reproduction intégrale ou partielle faite par quelque procédé que ce soit, sans le consentement de l'auteur ou de ses ayants cause, est illicite et constitue une contrefaçon sanctionnée par les articles L335-2 et suivants du Code de la propriété intellectuelle.

Cathy, sois à l'écoute du monde
Et sème la gaieté autour de toi.

Ton Dad qui t'aime.

NOTE DE L'AUTEUR

Ce livre témoignage s'adresse à la fois à mes proches, à des personnes qui me connaissent de près ou de loin. Je veux leur dire que ce récit est ma vision de certains événements de ma vie. Chacun a sa propre interprétation de ces moments-là. Il s'adresse également à des personnes qui ne me connaissent ni d'Eve ni d'Adam. J'espère que ce récit sincère vous sera utile, que mes mots résonneront à des moments importants de votre vie.

Dédicace à Noah et Lalie, mes deux rayons de soleil

J'ai envie d'une plume libératrice qui procure
de l'apaisement et de la sérénité.

PRÉAMBULE

Ce livre est avant tout thérapeutique pour moi. Je le dédie à mes deux enfants. Sans eux, tout serait beaucoup plus lourd à vivre et à porter. Je l'ai construit comme un réalisateur travaille avec ses acteurs. Il est jalonné de poèmes, de témoignages, de chansons... J'espère que mes loulous comprendront un peu mieux leur maman le jour où ils seront prêts à lire ce livre. Je veux aussi rendre hommage au poète dans l'ombre et la lumière, qui était mon Dad, Adrien. Et à travers ce récit, j'espère vraiment être utile à des personnes en souffrance, en raison d'une pathologie ou non. La santé mentale est souvent taboue mais heureusement de moins en moins. J'essaie ici de libérer ma parole mais, j'espère aussi, d'autres paroles. Ce livre me permet également de garder une trace de cette mémoire qui peut flancher, disparaître... Il est le fruit de mes ressentis, de ma vision et de ma lecture du monde.

CHAPITRE 1
13/05/2022

J'ai 41 ans
Sur un air d'Hoshi et Calogero
« Ne saute pas »

Aujourd'hui, c'est mon anniversaire : je vais avoir 41 ans. Je suis à Poissy (Yvelines), dans l'appartement de mon conjoint, Gaëtan. Il est parti travailler donc je suis seule. J'ai l'habitude d'être sans lui, chez lui. Nous sommes vendredi donc il finit plus tôt, nous devons partir pour aller à la maison vers 15 h 30. Nous l'avons achetée ensemble, elle se situe tout près d'Angers (Maine-et-Loire). Tout est bien organisé, comme à mon habitude. Je dois aller chercher les enfants chez leur papa dans la soirée. Ils m'attendent avec leurs cadeaux faits maison.

L'appartement est dans le noir, je n'ai pas ouvert les rideaux occultants. La pénombre règne. Je fuis la lumière, source de vie. Je n'arrive pas à aller me doucher. Je sais pourtant que nous devons rentrer ce soir à la maison. Je passe du lit de la chambre au lit de l'autre chambre, telle une sombre déambulation. Je souffre. Je n'arrive pas à calmer mon mental, à le rassurer. Je ne sais plus quoi faire. Le temps passe à la fois vite et lentement. Arrive la fin de la matinée… Je ne réussis toujours pas à préparer mes affaires. Pourquoi ne puis-je pas rentrer à la maison ? La question me taraude. Je ne vois pas le bout du tunnel, ça m'épuise. Le moral est au plus bas. Je sais que Gaëtan a caché le Valium (anxiolytique), je le cherche. Je sais également que j'ai accès à d'autres médicaments. Il faut tenir, je n'ai qu'une envie, taper ma tête pour qu'elle s'arrête. Les gifles ne suffisent plus... Que puis-je faire d'autre ? Mon chéri va arriver vers 15 h 30 et je ne suis toujours pas prête. Ça ne me ressemble pas. Que m'arrive-t-il ? J'ai déjà pensé plusieurs fois à tout arrêter en échafaudant différents plans possibles. La question est : lequel choisir ? La peur de me « rater » est présente et celle de l'Enfer aussi depuis quelques semaines. Je me sens déjà le boulet de mes proches, alors si je finis en « légume », c'est pire. Comment faire ? J'ai déjà évoqué plusieurs fois ces envies mortifères avec mon psychiatre depuis un an environ. Les combattre est un travail intense et non-stop, c'est épuisant. Je n'en peux plus, je ne vois toujours pas le bout du tunnel. Cette absence de lumière reflète à la fois l'ambiance qui règne dans l'appartement et au plus profond de moi. Il est peu avant 11 h 30, je me rappelle être allée chercher les seuls médicaments accessibles : mes antidépresseurs. Je reste un moment à les regarder... La boîte est presque pleine, je crois. Je ne sais pas ce qui se passe dans ma tête...

Si, je me rappelle avoir repensé à tous ces moments où j'ai construit des scénarios pour en finir avec tout ça. Nous sommes en 2022 et ma première pulsion de mort date de 2013. Je suis dans la cuisine et je regarde fixement les boîtes de médicaments... Une autre fois, je les mets dans ma bouche mais les recrache. Ma force de vie est plus forte. Ce combat de 10 ans a été une opération de survie : médicaments, sauter de la voiture sur l'autoroute, le chemin de fer, s'électrocuter dans le bain, s'ouvrir les veines, se pendre, sauter du septième (chez Gaëtan)... C'est fou la créativité qu'on peut avoir quand il s'agit d'en finir.

Je suis dans la chambre de Gaëtan, sur son lit. Les médicaments sont sur le sol. Je prends mon téléphone portable, je l'appelle en ayant les antidépresseurs dans la main. Je lui dis que je vais les prendre, il me répond : « ne fais pas cette énorme bêtise ». Il entend le bruit des comprimés qui sortent de l'emballage. Je sens qu'il comprend que c'est vrai. Je prends ma petite bouteille d'eau et les avale un par un. Je ne sais pas combien au total. J'entends Gaëtan par le haut-parleur. Il parle des pompiers… Je comprends qu'il veut les appeler. Il me dit « J'arrive » et raccroche. Il est difficile de décrire mes sentiments à ce moment-là. L'absorption des médicaments ne me fait rien. Je vais bien. Les pompiers arrivent. Ça sonne à l'interphone. Gaëtan n'est pas encore arrivé. Je leur ouvre, j'ai peur qu'ils défoncent la porte si je ne réponds pas… Le temps de se rendre au septième étage et les voilà en train de frapper à la porte. Ils entrent, ils sont trois (deux hommes et une femme) et me demandent comment je me sens. Mon chéri arrive entre-temps. Les pompiers lui parlent aussi. Je leur dis quel médicament j'ai pris et où est la boîte. Ils vont dans la chambre. Je reste avec la femme, je lui dis que tout va bien. Elle me répond que je dois aller à l'hôpital pour vérifier si c'est bien le cas. Je ne ressens aucun effet particulier. Gaëtan insiste également. Je dis finalement oui pour aller aux urgences. Il me met mes chaussures. Nous prenons l'ascenseur pour rejoindre leur véhicule garé devant la résidence. On m'installe assise et Gaëtan me dit au revoir et m'embrasse avant que la porte ne se referme. J'ai comme l'impression que je ne le verrai plus jamais. J'ai peur. Durant le trajet, je prends conscience de l'urgence en entendant la sirène et en voyant l'ambulance franchir les feux rouges. J'ai déjà fait ce chemin un an auparavant. Je garde cet épisode pour plus tard…

Nous arrivons à l'hôpital Poissy-Saint-Germain-en-Laye. Je retrouve un univers familier mais peu rassurant. J'arrive en fauteuil roulant, mes jambes tremblent et tapent par terre tellement j'ai peur. Le pompier pose une main sur ma cuisse et me demande de me calmer. On me propose d'attendre sur un lit, j'accepte. Il y a de l'attente dans le couloir, entre le SAMU et les pompiers. J'atteins le service d'admission. J'entre dans une petite pièce où deux personnes me reçoivent. Elles enlèvent mes vêtements et me mettent une chemise d'hôpital ouverte à l'arrière. J'ai un bracelet avec mon nom et mon prénom. Mes affaires sont mises dans un grand sac plastique dont la bague offerte par Gaëtan pour notre Pacs. J'ai peur qu'elle tombe... Ils me posent des questions et me font un électrocardiogramme. Mon lit est placé dans une salle d'attente où les patients sont séparés par des cloisons mobiles. Les heures passent... Je m'assois de temps en temps pour soulager mon dos et j'aperçois les chaussures de la rangée de patients alignés. C'est comme un moment hors du temps, presque irréel. Je n'oublie pas qu'aujourd'hui c'est mon anniversaire, que normalement je retrouve mes enfants ce soir, avec leurs cadeaux. Je vois un interne qui me pose les mêmes questions... Pourquoi ? Comment ? La visite est rapide, je reste dormir aux urgences cette nuit. Je n'ai pas de nouvelles de ma famille et je ne sais pas non plus quelles nouvelles elle a me concernant. Je ne sais pas comment va se passer la nuit, je reste calme. Je suis dans un renfoncement face à l'accueil où on installe les lits avec des cloisons mobiles. Je vois les minutes s'égrener. Ce moment est loin de ressembler à une soirée d'anniversaire. Je fixe l'horloge où figure la date : 13-MAI-22, une date qui m'est chaque année si familière. Je réussis à m'endormir, toujours sans nouvelles. Dans la nuit, un aide-soignant vient régulièrement bouger les lits en fonction des nouvelles admissions. C'est comme un vrai ballet. Je crois que je ne réalise toujours pas ce qui s'est passé.

Le matin, on me dirige vers une salle d'attente. Je suis

toujours avec ma chemise d'hôpital et un drap pour me couvrir... Je ne sais plus à quel moment de la journée j'ai un entretien avec une psychiatre en présence de Gaëtan. Cela me rassure qu'il soit là. Je vois qu'il va bien. Je prends conscience à ce moment que la mention « TS » (Tentative de Suicide) figurera à vie dans mon dossier médical. J'en ai froid dans le dos. Elle me dit que je vais être transférée à l'hôpital psychiatrique près d'Angers (une fois de plus...), ce que je redoute le plus. Je vais rester une nuit de plus. Cette fois-ci, j'ai une chambre seule en mode « TS », c'est-à-dire qu'aucun cordon n'est laissé à la portée du patient, aucun objet tranchant... Tout danger de se faire du mal est écarté. Je demande tout de suite à prendre une douche, je me sens si sale... Gaëtan me rejoint dans la chambre, il reste avec moi le temps auquel il a droit. La nuit est longue, j'appréhende mon retour à Angers.

Le lendemain matin, deux personnes viennent m'apporter le petit-déjeuner. L'une explique à l'autre que les patients « psy » n'ont pas le droit d'avoir un vrai couteau mais un jetable. Je me sens encore plus « à part ». Dans la matinée, une autre psychiatre vient dans ma chambre pour organiser ma sortie. À ma grande surprise, elle me propose de rentrer chez moi ou d'aller au CESAME (CEntre de SAnté MEntale angevin). Elle me conseille d'appeler mon conjoint. Gaëtan me suggère à son tour d'appeler maman pour avoir son avis. Ils décident ensemble de mon avenir proche. Je rentre à la maison. Maman restera à la maison après le départ de Gaëtan qui doit retourner travailler en région parisienne. Il organise ma sortie et vient me chercher dans la chambre. Cette fois-ci, je ne passe pas par les urgences. Nous repassons par son appartement, cela fait un peu bizarre d'y retourner mais ça va, je gère. Et puis, en route pour la maison...

Quand on touche le fond de la piscine, on ne peut que

remonter.

Quelques semaines plus tard, grâce au courrier de mon psychiatre, on me propose une place à la clinique privée Saint-Didier à Avrillé, près d'Angers. J'y reste six semaines. Le séjour se passe beaucoup mieux qu'au CESAME. J'essaie de me reconstruire après cet événement marquant de ma vie.

Témoignage de Gaëtan :

« Neuf jours avant, tout allait bien... Nous avions passé une super soirée avec un ami le mercredi 4 mai, et nous devions nous retrouver le week-end à la maison avec sa petite famille. Mais le jeudi soir, Cathy s'est plongée en détail dans nos comptes et a pris peur en voyant nos dépenses et en culpabilisant de ne pas travailler. Puis tout s'est emballé à partir du vendredi matin : elle était incapable de se lever et nous n'avons pas réussi à partir le soir, donc nous avons dû annuler notre week-end entre amis.

Les jours suivants ont été difficiles avec de gros problèmes de sommeil. J'ai d'abord tenté de lui acheter des cachets à base de mélatonine, mais qui n'ont pas eu d'effets. J'ai voulu appeler un médecin, mais elle a eu peur de se faire embarquer. Son rythme de sommeil était tout décalé, à cogiter la nuit et à prendre des « Valium » la journée pour essayer de dormir, au point de les cacher avant de partir travailler.

Le matin du vendredi 13 mai, Cathy m'appelle plusieurs fois pour me demander où est le Valium. Je veux venir manger avec elle le midi, pour ne pas la laisser seule, mais elle me téléphone vers 11 h 30 pour me dire qu'elle va prendre des médicaments. Je l'entends boire et prendre des cachets, je lui dis que c'est une bêtise et de ne pas faire ça. Pour moi, c'est plus un appel au secours qu'une volonté de se donner la mort, mais je ne peux pas la laisser comme ça. Paniqué, je quitte immédiatement le travail, et j'appelle tout de suite les pompiers en route, puis sa maman qui est désespérée, et en pleurs. À mon arrivée, les pompiers sont déjà là, Cathy leur a ouvert. Ils me posent des questions. Elle ne veut pas partir dans un premier temps, puis elle dit oui. Je lui mets ses chaussures et l'accompagne jusqu'au camion de pompier. Elle s'éloigne, direction le CHU, puis je retourne au travail. J'essaie d'avoir des nouvelles aux urgences pendant toute la soirée, mais rien jusqu'au lendemain matin. J'apprends le samedi matin qu'aucun médecin ne l'a encore vue. Je vais à l'hôpital l'après-midi, je reste une heure avec Cathy. La psychiatre lui recommande d'aller au CESAME. Le lundi matin, une autre psychiatre lui propose de rentrer à la maison. Après concertation avec sa maman, nous disons oui. Je la ramène à la maison où elle reste avec sa maman. Quelques semaines après, j'ai peur qu'elle recommence... Alors que nous sommes tous les deux à la maison, elle menace de prendre des couteaux, un miroir, et je retrouve des médicaments dans sa table de nuit. »

L'horizon

Le temps est sombre, mes idées encore plus,
À l'horizon se détachent de gros stratus,
Ces grands nuages assombrissent mes pensées,
Qui dès ce matin me laissent très angoissé.

Par hasard, des cumulus donnent une nuée,
Aussi, j'espère que cette brève ondée
Sera un bienfait pour le paysan et sa terre.
Ce terrien scrute ses champs par la fenêtre.

C'est alors que les nuages se battent en duel,
La pluie ruisselle calmement dans les ruelles,
Puis s'écrase sur le sol, en eau battante ;
Les averses se font alors très violentes.

Les heures s'écoulent et le ciel s'égoutte,
Alors le moral revient sans aucun doute.
Avec le temps, les derniers cotons s'effilent,
Et ces ultimes nuages se défilent.

La voûte azurée et quelques nuages
Offrent aux curieux un merveilleux mirage,
La perspective des cieux à nouveau cléments,
Illumine ciel et cœur, car je suis content.

Adrien

CHAPITRE 2
05/2021 : DIAGNOSTIC

J'ai 40 ans
Sur un air de Jean-Louis Aubert
« Bien sûr »

Mes enfants sont mes deux soleils. Le jour de mes 40 ans approche, j'ai failli le passer hospitalisée… Le hasard fait que la communion de ma nièce se passe ce jour-là. « Tatounette » (elle m'appelle comme ça) fait partie de la fête ! Je me retrouve assise à une grande table. Maman arrive avec un joli bouquet, cela me touche énormément. Mon chéri a décoré le jardin avec des ballons, a acheté un diadème et une écharpe « Miss 40 ans ». C'est chou. Le pic au niveau émotion arrive quand mes enfants et mes neveux s'approchent de moi avec un tableau et une enveloppe. J'ai envie de leur faire un gros câlin. J'ai l'impression que les larmes montent mais à l'intérieur. J'hallucine, il y a seulement deux semaines que je suis sortie de l'hôpital et là je profite pleinement de ma famille. Quel bonheur inespéré ! Quand on est coupé des siens, il est encore plus savoureux de les retrouver. La réunion de famille s'achève tôt à cause du couvre-feu. Nous repartons à Angers, la voiture pleine de ballons, la tête gorgée de souvenirs et le cœur rempli d'émotions.

Le lendemain, les enfants et Gaëtan me font un gâteau pour fêter mon anniversaire, cette fois à la maison, le premier dans notre nouveau chez-nous. Nous prenons des photos, je suis aux anges.

Il est important d'aller mieux aussi, car je participe à un tournage à Paris la semaine suivante. J'ai été sélectionnée par une association d'aide aux aidants qui cherchait des témoignages de personnes ayant accompagné des proches atteints d'une maladie mentale. Ces vidéos seront intégrées dans une formation destinée aux praticiens souhaitant améliorer la prise en charge de l'entourage du patient. Je dois témoigner en tant que fille d'un père bipolaire (maniaco-dépressif à l'époque). C'est tellement important pour moi et mon papa. C'est le cadeau d'anniversaire que je me fais. J'ai l'habitude d'aller à Paris depuis Poissy pour mes cours. Je prépare mon itinéraire et je l'imprime même, au cas où. C'est le jour de réouverture des bars, Paris se réveille de la torpeur liée à la pandémie. Je suis très en avance, j'ai pris une bonne marge en cas d'imprévu. Je suis toujours très prévoyante voire trop. Je repère toujours le lieu où je dois aller et après je me promène. Je n'ose pas aller boire un café dans un bar, c'est tellement surprenant cette nouvelle liberté, j'ai peur de ne pas être au fait des dernières consignes liées au COVID.

L'entrée du studio se fait par une petite porte noire. J'avais reçu un planning de tournage, je ne veux pas sonner trop tôt pour empiéter sur la séance d'avant. Il pleut, j'attends sous mon parapluie. Quelques personnes sortent par cette porte et discutent, en fumant, abritées sous un porche. Je les entends parler et j'ai l'impression qu'ils discutent de choses à mon sujet. Ce n'est pas très clair. L'heure approche, je sonne à l'interphone et me présente. La porte s'ouvre et je me dirige vers le premier étage. Une assistante m'accueille et me fait asseoir dans un bureau pour attendre mon tour. Le plateau de tournage est juste à côté. J'entends des discussions que je crois être à propos de la surprise de mes 40 ans. Les larmes montent et cette fois-ci sortent abondamment, je n'arrive pas à m'arrêter.

C'est un mélange de joie et de grande tristesse. C'est à mon tour, une personne vient me chercher. Je suis comme dans un tourbillon, on me propose un café tout en me faisant un raccord maquillage et m'installant le micro-cravate. Je suis face à un miroir entouré d'ampoules. Je suis éblouie. Je m'attends à voir surgir mes anciens collègues. Mais je sais aussi que je dois témoigner. Je ne fais plus la différence entre le réel et l'imaginaire. On me demande de m'asseoir sur un tabouret haut, face caméra. Je dois d'abord dire mon prénom et mon nom. J'ai du mal à formuler des phrases. Le stress allié à mes idées peu claires rend plus difficile mon témoignage. Je n'ai pas de souvenir de ce que j'ai dit. Depuis, j'ai vu la vidéo finale où je dis quelques phrases sur la vie avec mon papa. L'enregistrement est fini, je passe chercher mes affaires et on m'accompagne à la porte en me remerciant pour ma participation à ce projet.

Il est environ 13 h 30. Je décide de rentrer chez Gaëtan directement, je mangerai là-bas. Je ne regarde ni le plan ni le GPS. Je me dis que je vais bien tomber sur une bouche de métro. J'ai toujours cette impression d'être en mission, je regarde s'il y a des avions dans le ciel et des camions dans les rues. Mon cerveau repense à l'entreprise de transport routier créée par mes grands-parents : les transports Germain. J'observe le trafic routier. J'arrive sur une ligne de métro que je ne connais pas. Je prends mon ticket pour Poissy et je m'installe dans la rame. Je sais que je dois aller chercher le train J à la gare Saint-Lazare. Je sors de la rame de métro mais je ne reconnais pas cet endroit. Or, j'ai l'habitude des lieux pour aller à mon école. Je suis bêtement le flot des usagers qui m'amène à des portiques. J'insère mon ticket pour Poissy et cela fonctionne, je rentre donc dans le train qui est à quai. Il n'y a pas beaucoup de monde. Je n'ai toujours pas consulté mon appli RATP. Je ne reconnais pas les arrêts mais je ne panique pas. Puis, je me fais contrôler, je montre mon ticket pour Poissy très innocemment. Il me dit : « vous n'êtes pas dans le bon train madame ». Il me demande cinquante euros et me dit de descendre au prochain arrêt. Je sors ma carte bancaire machinalement et paie. Je ne comprends pas ce qui se passe. Je crois que c'est dans ma mission. Malgré les conseils, je reste dans le train sans savoir que je m'éloigne de plus en plus de ma destination. J'envoie des messages à mon chéri. Je ne veux pas l'appeler pour ne pas le déranger chez son client. Il me téléphone, il a compris que j'étais perdue. Il me demande de regarder les endroits où je passe. Après quelques instants, je lui dis un nom. Il me dit de descendre dès que je peux, je pars à l'opposé de chez lui, donc vers l'est. Dans mon malheur, ce n'est pas trop loin d'où il est, il vient me chercher. Je m'arrête à une petite gare. Je suis seule sur le quai. Je ne suis pas rassurée. J'arrive dans la gare et décide de rester près des toilettes et près de la sortie centrale, je ne veux pas le louper. L'odeur est repoussante mais je ne bouge pas. Je me sens comme une enfant perdue sans ses parents. Je vois tout à coup la voiture arriver, j'ose sortir de la gare et je me précipite vers mon amoureux. Nous sommes soulagés de nous retrouver. Il me demande pourquoi je ne l'ai pas appelé plutôt. Je lui réponds que je ne voulais pas le déranger au travail. Il essaie de comprendre ce qui s'est passé. C'est comme si j'avais « buggé ».

Nous arrivons à son appartement. Je n'arrive pas à lui raconter le tournage, cela reste mystérieux pour lui. Le soir, nous prenons l'apéritif devant le match de football au Stade de France. Emmanuel Macron est présent. Il serre la main de chaque joueur et leur parle à l'oreille. Je m'en amuse et vis cela comme quelque chose d'exceptionnel. Cette nuit-là, je suis assez agitée mais j'arrive à dormir. Le matin, Gaëtan part pour le travail. Je suis encore au lit. Une fois au bureau, il demande à maman de m'appeler pour voir comment elle me trouve. Nous discutons, je lui dis que je me repose dans le lit. J'ai des propos cohérents selon elle. Je mets mon peignoir et j'ai l'impression d'être dans une chambre d'hôtel en pleine lune de miel. J'ouvre la fenêtre et me mets à regarder au loin et le voisinage. Je scrute de nouveau le ciel pour guetter les avions. Le trafic aérien a-t-il repris ? oui. Je ne mange pas le midi, je me douche l'après-midi, je suis complètement décalée.

WhatsApp :
20/05/2021 à 15:13 - Gaëtan : J'attends que tu debugges
20/05/2021 à 15:13 - Cathy : Ben je sais plus trop quoi raconter pour que tu montes, tu m'aides ?
20/05/2021 à 15:14 - Cathy : J'ai pas envie de sauter par la fenêtre ce serait ballot à 40 ans
20/05/2021 à 15:14 - Cathy : Maintenant que j'ai la tête dans le bon ordre en plus
20/05/2021 à 15:15 - Cathy : Je suis sûre que si je jette une Ferrari tu rentres tout de suite non ?
20/05/2021 à 15:15 - Gaëtan : Je suis pas sûr là
20/05/2021 à 15:16 - Cathy : Je fais coucou à l'avion
20/05/2021 à 15:17 - Cathy : Tellement contente d'être dans la France de mes souvenirs
20/05/2021 à 15:17 - Cathy : Amazing ! !

Dans mon délire, je m'identifie à l'héroïne de la série « HPI ». Mon cerveau fait sûrement une connexion avec une formation suivie le mois dernier sur les femmes à haut potentiel. J'ai l'impression de contrôler des choses grâce à la télécommande de la télévision. L'appartement est truffé de caméras. Je fais plusieurs prises. Il y a des bruits de travaux dans le logement voisin, je m'imagine que ce sont les techniciens du son. Je demande à Gaëtan de décliner son identité. Je n'en ai pas fini avec ce personnage. Je suis par intermittence une hôtesse de l'air, après avoir été pilote de ligne, toujours en référence avec le monde aéronautique. Je me mets dans la baignoire, tire le rideau et imagine être dans la cabine de l'avion. Mon chéri, en état de vigilance maximale, évite de justesse que je fasse tomber dans la cuvette des toilettes la bague qu'il m'avait offerte pour notre Pacs. Je fais des imitations dans la cuisine, je chante nue dans le lit...

Gaëtan est le seul témoin de cette euphorie. Il prend conseil auprès de maman et de ma sœur. Il n'a plus le choix, il doit appeler le SAMU, à contrecœur. La situation est ingérable. Je refuse de m'habiller. Les ambulanciers arrivent et voient que je suis nue sous la couette. Ils aident Gaëtan à m'habiller. J'entends qu'ils demandent un numéro de téléphone, je récite le mien hyper vite, mais c'est celui de mon conjoint qu'ils veulent, bien sûr. Il ne peut pas m'accompagner aux urgences à cause des restrictions liées au COVID. Dans ma tête, je pars faire un tour avec deux de ses collègues. Je monte dans l'ambulance, je suis sur un siège près de la porte coulissante, j'ai l'impression de toucher des boutons comme si c'était un jeu vidéo et j'analyse les effets observés. Je commente tout ce que je vois à la manière de Morgane, dans « HPI », et je décrypte des messages. Me voilà à nouveau dans une autre mission. Nous arrivons aux urgences de l'hôpital de Poissy-Saint-Germain-en-Laye. J'écoute la conversation des ambulanciers dans la file d'attente, ils parlent de ma vie c'est sûr, j'en rigole. L'admission se fait, je me retrouve en chemise d'hôpital avec juste une culotte dessous, entre deux paravents. L'attente est longue. J'analyse toujours la scène et j'en viens à penser que de l'autre côté de la séparation, il y a Emmanuel Macron.

En parallèle, je ne le saurai qu'à mon retour, Gaëtan

enregistre une vidéo sur mon téléphone à mon intention : il espère que je vais comprendre sa décision d'appeler les secours. Il est également en train d'envoyer à mon psychiatre des vidéos de mes délires. Le diagnostic est enfin posé : Cathy est bipolaire.

Témoignage de Gaëtan :

« Mercredi 19 mai 2021, Cathy est chez moi pour la semaine, et elle a rendez-vous à Paris ce jour-là pour un témoignage à propos de son papa. Au retour, alors qu'elle a l'habitude de se promener et d'utiliser les transports, elle se perd en partant dans une direction opposée à celle qu'elle doit suivre et sans titre de transport. Je dois partir à sa rescousse pour la récupérer dans une gare, en voiture. En rentrant à la maison, Cathy n'est pas bien, elle est silencieuse, ne mange pas.
Le lendemain, je pars en déplacement de bonne heure et je vois dans ses yeux qu'elle n'est pas dans un état normal. Tout au long de la journée, elle m'envoie des photos délirantes, elle tient des propos incohérents, j'ai du mal à avoir une conversation au téléphone, elle croit me voir en bas de l'immeuble... Je reconnais l'état dans lequel elle était lors de sa précédente hospitalisation : pour moi « elle bugge ».
Le soir devant la télé, Cathy a des crises où elle pleure, je ne comprends pas ce qui se passe. Dans un épisode de la série « HPI », une personne se fait violemment renverser par une voiture : Cathy se referme sur elle-même, sous le choc. Puis, au moment d'aller se coucher, elle se prend pour l'héroïne de la série, elle est surexcitée, méconnaissable.
J'essaie de la raisonner et de la calmer, mais elle est en plein délire, vulgaire, limite violente et agressive envers moi. Elle ne se rend pas compte de son état et pense aller bien. Je fais plusieurs photos et vidéos des scènes improbables qu'elle joue devant moi. Je veux lui montrer ensuite cet état, pour qu'elle me croie et se rende compte de la situation.
Elle arrive un peu à dormir, mais elle est toujours hors de contrôle, ingérable. Après une nuit difficile, j'appelle sa maman qui est aussi désemparée : elle ne reconnaît pas sa fille. Après avoir pensé la première fois que sa place n'était pas dans un hôpital psychiatrique, c'est la mort dans l'âme que je me décide à appeler le SAMU pour qu'on vienne la

chercher. Cathy est toujours très excitée, je n'arrive pas à la faire s'habiller. Elle est nue sous la couette lorsque les ambulanciers arrivent dans l'appartement. Ils finissent par la raisonner pour qu'elle parte aux urgences à l'hôpital de Poissy, avant d'être transférée à nouveau au CESAME. »

Mes deux Cathy

Comme y a eu Gainsbourg et Gainsbarre
Y a le Renaud et le Renard...
Je n'vais pas refaire la chanson
Mais tu en as compris le ton

Y a la Cathy qui va très bien
Et la Cathy qui va moins bien
Celle que j'ai connue y a des mois
Et celle pour qui j'ai de l'émoi

Y a la Cathy super-maman
Et la Cathy toujours maman
Celle qui gère les enfants la semaine
Et celle qui les adore quand même

Y a la Cathy confiante en elle
Et la Cathy qui est toute frêle
Celle qui est toujours prête à tout
Et celle qui doute toujours de tout

Y a la Cathy très optimiste
Et la Cathy très pessimiste
Celle qui qui ne lâche jamais rien
Et celle qui pense qu'elle sert à rien

Y a la Cathy pleine de projets
Et la Cathy pleine de regrets
Celle qui profite de la vie
Et celle qui n'a jamais envie

Y a la Cathy toujours coquine
Et la Cathy qui turlupine
Celle qui dort dans les bras de Nini
Et celle qui tourne en rond au lit

Y a la Cathy pleine d'idées
Et la Cathy que je veux aider
Celle qui a sur moi les yeux rivés
Et celle qui va y arriver

Y a la Cathy qui veut sortir
Eh oui ! Cathy va s'en sortir
Celle que j'aimerais voir tous les jours
Et celle que j'aime quand même toujours...

Gaëtan

CHAPITRE 3
PREMIÈRE CRISE

2021 – j'ai presque 40 ans
Sur un air de Brigitte
« Battez vous »

40 ans, je me dis que c'est la fin d'une décennie jalonnée de soucis de santé, donc peut-être un renouveau ? Les dépressions me laissent tranquille depuis quelques années. Je me sens bien jusqu'à fin avril où tout s'écroule. Depuis fin 2019, j'ai repris mes études, je prépare un Master MSAIS (Management des Structures et Activités Innovantes en Santé) dans la Business School KEGDE sur le campus de Paris. J'ai des cours pendant dix-huit mois et une thèse professionnelle à écrire avec une soutenance à l'oral. Je m'organise pour travailler, étudier, gérer le quotidien. Je le sens, je suis fatiguée mais je continue. En plus, hasard du calendrier, Gaëtan est parti en Russie pour le travail pendant cinq semaines. C'est la première fois que nous sommes séparés si longtemps. Le décalage horaire rend son absence encore plus pesante. On vit en décalé. Parfois, je me perds dans les horaires. Cela ajoute de la fatigue au niveau cérébral. C'est dur de prendre soin des gens qu'on aime quand ils sont loin géographiquement. J'ai besoin de sentir la présence des miens pour savoir si tout va bien ou pas.

Arrive enfin la dernière semaine avant le retour de mon chéri ! J'ai programmé une semaine en famille à la maison avec mes enfants, mes neveux et ma maman. J'aime très fort Evan et Sarah, mes neveux mais je regrette de ne les avoir eus qu'un seul week-end sans leurs parents. Tout s'annonce bien sauf cette fatigue qui me plombe, mais voir du monde va me booster niveau énergie. Les loulous arrivent le samedi matin avec leur papa. Ils savent que je n'ai pas une grosse pêche. Je trouve qu'ils ont l'air inquiets, surtout leur papa. Son regard me transperce et il me pose des questions inhabituelles, telles que : « où dorment les enfants ? », alors qu'il a déjà visité la maison… Ont-ils peur pour moi ? J'ai organisé une surprise, ils ne savent pas que leurs cousins passent la semaine avec eux. J'adore ça. J'attends leur arrivée avec leur mamie avec grande impatience. Les voilà, ils sont fous de joie. La maison est remplie de rire et de bonheur, mon cœur aussi. Le premier jour se passe bien malgré une fatigue toujours présente.

Le lendemain, le dimanche donc, c'est brunch. Les enfants sont impatients de manger. Une entreprise du coin livre la zone en petits-déjeuners et brunchs. Les loulous jouent dans le salon, maman et moi discutons dans la cuisine, quand soudain la sonnette retentit. Tout le monde s'exclame : « c'est le brunch ! » Je me dirige vers la porte et je l'ouvre. Deux jeunes femmes me tendent notre commande et, je ne sais pas ce qui se passe, je me sens transportée dans une autre dimension. Mécaniquement, je prends la monnaie qu'elles me tendent ainsi que le brunch et referme la porte rapidement. C'est comme si un éclair m'avait traversée. Je commence à installer la table et soudain je sens que ça ne va pas. Je dis à maman que je vais me reposer dans ma chambre, la laissant seule avec les enfants et le repas. J'ai besoin de me réfugier dans mon lit. J'ai l'impression d'avoir été télétransportée dans une unité de l'hôpital psychiatrique près d'Angers. Cet épisode de délire me fait croire que les personnes ayant livré le brunch sont des infirmières et que, tout autour de la maison, des voitures passent pour garder un œil sur moi. Je sens la fatigue et le besoin de sommeil se fait pressant. Je m'endors dans le noir. Je me réveille vers 13 h. Je descends retrouver ma famille qui me demande comment ça va, je réponds : « un peu mieux ». Je me sens comme dans un état second. Je mange un peu. Rapidement, maman me propose de me reposer encore. Je remonte dans ma chambre. Elle est située au-dessus du salon donc j'entends que les enfants regardent la télévision. J'ai l'impression que ma tête va exploser, j'ai très mal aux yeux. Je prends une aspirine et me mets un gant froid sur les yeux. Je bois énormément d'eau, je me sens déshydratée. Je repense à ce que m'avait dit mon naturopathe un jour, il avait évité que je fasse un AVC. Ai-je un problème sérieux à la tête ? Je me dis que ce doit être comme une migraine ophtalmique, j'ai tellement fait d'écran avec mes cours à distance et les webinaires le soir. Le corps dit stop. Je me rendors. Je me sens comme dans un état second, je ne sais plus trop quel jour on est.

WhatsApp :

18/04/2021 à 15:51 - Cathy : Je vais peut être essayer de me lever

18/04/2021 à 15:53 – Gaëtan : Bon courage

18/04/2021 à 15:53 - Cathy : Ca me fait mal aux yeux l'écran j'arrête

18/04/2021 à 16:01 – Gaëtan : Pour demain les sushis, je reste tranquille ce soir

18/04/2021 à 16:31 - Gaëtan : T'as vu itinéraire bis ? Ils ont une mission Derviche toi qui adore ça

18/04/2021 à 18:25 - Gaëtan : T'as vu le défi de PG ? Faut que tu cries jusque chez les voisins

18/04/2021 à 19:46 - Gaëtan : Fausse manip, tu voulais pas appeler ?

18/04/2021 à 19:56 - Gaëtan : Tu préfères écrire que

t'arrives pas à parler ?
18/04/2021 à 19:57 - Gaëtan : Pas longtemps je sais que ça te fatigue
18/04/2021 à 19:57 - Gaëtan : Juste pour me dire s'il s'est passé un truc cet après-midi
18/04/2021 à 20:09 - Gaëtan : Appel vidéo manqué
18/04/2021 à 20:10 - Gaëtan : Appel vocal manqué
18/04/2021 à 20:16 - Gaëtan : Appel vocal manqué

Je suis toujours dans le noir pour éviter d'être éblouie. Mon téléphone est sur la table de nuit, Gaëtan m'envoie des messages auxquels je ne réponds pas. Pas la force. Pas l'envie. Pas les mots. J'entends toujours la télévision et la voix des enfants. Je n'y prête pas attention jusqu'au moment où des sons surgissent de l'écran. Il s'agit de consignes de sécurité d'un avion, d'un message d'alerte comme quoi quelqu'un peut éviter une catastrophe. Tout se mélange dans ma tête : les sons, les paroles des enfants, les messages de mon chéri : « Faut que tu cries jusque chez les voisins ». Cette phrase résonne en moi. Je ne sais pas pourquoi mais elle me fait partir dans un tourbillon, une autre dimension. Je me dis que c'est un SMS surprise pour me faire sortir de la maison. Mon cerveau repense à tous mes voyages en avion pour aller en Israël, pour le travail. Il fait un lien avec un ancien collègue qui a travaillé pour le Mossad (service secret israélien). Je suis alors persuadée d'avoir été formée à décrypter des codes et des gestes. Je reçois donc un double message, par la télévision et par Gaëtan. Je dois sortir voir les voisins et aider le trafic aérien. Je viens de comprendre ma mission, je n'ai pas le choix, je dois agir tout de suite.

Je descends et sors de la maison. Maman demande à ma fille où je suis, elle répond que j'ai ouvert le portail et elles me voient parler avec les voisins sur la route. Je ne me rappelle pas comment je suis allée retrouver les voisins. C'est flou dans ma tête. Les enfants et moi sommes allés chez celui qui a la grande maison bourgeoise. C'est la première fois que j'y vais. Il nous propose de nous asseoir et nous sert un verre de pétillant. J'aperçois les enfants courir dans le grand jardin. Nous discutons en même temps et je sens que je pleure. Je suis dans une autre dimension, je pense que mes anciens collègues sont en train de me préparer une surprise pour mes 40 ans (un peu en avance...). J'hallucine... au sens figuré comme au sens propre malheureusement. J'ai l'impression que les invités sont cachés, que mon chéri va arriver dans sa Ferrari tant rêvée. Je me crois également en plein tournage d'une vidéo sur la prévention du burn out. C'est un moment hors du temps, je ne sais plus quel jour ni quelle heure nous sommes. Je leur parle de ma fatigue, je crois. Je rentre à la maison. Je n'arrive pas à raconter à Gaëtan ma visite de la fameuse maison dont on nous avait parlé.

WhatsApp :

18/04/2021 à 20:14 - Gaëtan : Bonsoir, j'étais avec Cathy au téléphone dans la chambre... Ça a raccroché et j'arrive plus à la joindre. Vous pouvez aller voir si ça va ?

18/04/2021 à 20:39 - Janine : Bonsoir elle est sortie, elle est chez les voisins avec Noah, Lalie et Sarah ils visitent le domaine. Dès qu'ils rentrent elle t'appelle

18/04/2021 à 20:40 - Gaëtan : OK merci, bonne soirée

18/04/2021 à 21:37 - Janine : Elle est revenue j'espère qu'elle va t'appeler, elle se sent fatiguée je pense qu'elle a trop donné pour ses cours, sa formation

19/04/2021 à 09:32 - Gaëtan : Y a qu'au téléphone avec moi qu'elle arrive pas à parler, ou elle est

pareille avec vous tous ?
19/04/2021 à 09:46 - Janine : C'est pareil avec nous, je vais envoyer un message à Mr Moreau
19/04/2021 à 09:47 - Gaëtan : OK merci

Ma fille a peur, elle veut dormir avec moi. Dans mon sommeil, j'imagine que mon corps fait barrage et la protège des effets d'une bombe. Je me réveille, le cœur palpitant très fort, je n'en sais pas plus. J'ai l'impression d'être la personne sur laquelle on teste le vaccin contre le COVID. Et je réussis à survivre ! Avec le décalage horaire, Gaëtan m'a déjà envoyé un message. Je lui réponds mais un détail lui indique que je n'ai pas complètement retrouvé mes esprits. Je ne signe jamais mes messages et là, j'écris mon prénom à la fin. La semaine de vacances entre cousins commence mal. Les quelques moments où les idées sont plus claires, je culpabilise. Mon état de santé ne s'améliorant pas vraiment, Noah prend la décision d'aller chez son papa. Il est très mûr pour son âge. Finalement, mes deux loulous et leurs cousins y vont, maman reste avec moi. Mon esprit se balade dans la série « The Resident ». Maman et mon chéri communiquent beaucoup car je parle très peu, elle est l'infirmière Nic Nevin et lui, Conrad Hawkins, le médecin. N'étant pas sur place, il a besoin de beaucoup de renseignements. C'est un super duo !

WhatsApp :
20/04/2021 à 09:50 - Gaëtan : Oui, je sais pas où est le sien, elle a pas vu mes derniers messages mais c'est aussi bien comme ça, elle n'a pas besoin d'être perturbée par d'autres messages, ses proches savent la joindre par votre intermédiaire
20/04/2021 à 09:53 - Janine : Elle n'a pas son

téléphone dans la chambre et elle ne le demande pas
20/04/2021 à 09:54 – Gaëtan : Elle m'avait parlé de migraine ophtalmique déjà
20/04/2021 à 09:55 - Gaëtan : Les écrans la fatiguent elle a besoin de rester dans le noir
20/04/2021 à 09:57 - Janine : Il faut reposer la tête et les yeux
20/04/2021 à 09:58 - Gaëtan : Pour la tête elle prend du Doliprane ? Dernière fois, je l'ai vue avec un gant humide, elle surchauffait, ça va mieux ?
20/04/2021 à 10:01 - Janine : Elle en a pris hier midi et je viens de lui passer un gant d'eau fraîche

Deux jours après, ma sœur rejoint maman. Nous sommes très proches depuis notre enfance, mais étant adultes, les conversations plus sérieuses sont difficiles à aborder. C'est peut-être une forme de pudeur pour ne pas gêner l'autre. Elle constate que je suis comme absente, je ne dis rien, je ne la vois pas, ne l'entends pas, en tout cas, cela ne va pas jusqu'au cerveau. Cela fait penser à la catatonie que j'ai connue en août 2016. Elles utilisent mon doigt pour déverrouiller mon téléphone afin de pouvoir annuler les rendez-vous de la semaine. Dans l'après-midi, je sors sans prévenir dans le jardin, maman prend peur et veut que je rentre à tout prix, elle m'agrippe de force et réussit à retourner à la maison. Un peu plus tard, je m'effondre dans ma maison en ratant une marche. Je vais me reposer dans ma chambre.

Maman a tenu au maximum avant de prendre la décision d'appeler le SAMU. Je me rappelle juste l'ambulancier qui m'a fait descendre l'escalier de ma chambre. Mon esprit est sur une autre planète, je ne suis plus connectée à mon corps. Gaëtan apprend le lendemain que je suis partie à l'hôpital. Il est prêt à tout faire pour me sortir de là. Il appelle pour prendre rendez-vous dès son retour de Russie. Il dit même à une infirmière que j'ai besoin d'ocytocine (hormone de l'amour) car nous avons été séparés longtemps. Je trouve ça mimi. Il rentre à la maison le samedi matin, où maman l'attend. Ils n'ont pas pensé à ce moment-là, aux gestes barrière, ils se sont pris dans les bras l'un l'autre. L'après-midi, une visite est prévue pour venir me voir. Et comme Gaëtan l'avait imaginé, je me suis « reconnectée » dès que je l'ai vu, mon regard a changé. C'est comme si j'attendais son retour pour « revivre ». J'arrive à prouver au médecin que je peux sortir dès le lendemain et donc éviter une hospitalisation dans une unité psychiatrique.

Mon chéri fait sa semaine de quarantaine à la maison, il est là pour veiller sur moi. J'ai très peu de souvenirs de cette convalescence. Je lui pose souvent les mêmes questions car j'oublie ses réponses. Il a une patience d'ange avec moi, il est aux petits soins. Mais je lui dis que ce serait peut-être mieux pour lui de faire sa vie sans moi… Il ne veut pas l'entendre. Après chaque hospitalisation, il y a un temps « d'atterrissage » pour reprendre mes marques dans la « vraie vie ». C'est toujours difficile car je ne sais pas ce que les enfants vivent pendant cette période, ce qu'on leur dit. J'imagine que pour eux, maman est de retour, ils sont contents. Ils n'ont bien évidemment pas conscience du chamboulement à l'intérieur. J'ai toujours cette peur de ne pas être une bonne maman. Elle est viscérale.

Témoignage de ma maman :
« J'apprends le diagnostic par le psychiatre de Cathy. J'ai beaucoup de mal à l'admettre. Je ne la voyais pas comme bipolaire avant sa première crise up. J'ai fait de nombreuses recherches pour trouver ce qu'elle avait. Cela devenait presque obsessionnel. J'avais besoin de trouver d'autres causes possibles à son état :
– Stérilet hormonal (cause de la dépression ?)
– Neurotransmetteurs (dopamine, sérotonine, glutamate, GABA, adrénaline, ocytocine, acétylcholine)
– Hypersensibilité
– Syndrome de Peter Pan (angoisse liée à l'idée de devenir adulte)
– Transmission intergénérationnelle
– Choc post-traumatique (j'y reviendrai)
– Maladie de son papa et son décès
– Vie avec son ex-mari (cris, défouloir...)
– Burn out...
Avant d'avoir des enfants, je m'étais renseignée pour voir si la maladie de son papa était héréditaire. On m'a dit que non. La pathologie de son papa était cachée de tous. Un jour, j'ai lu « ce qui est tu à la première génération, la deuxième le porte dans son corps » Françoise Dolto. J'avais cherché des informations sur la stimulation intracrânienne pour Cathy et des centres experts sur la bipolarité. Quand elle a su le diagnostic, elle ne l'a pas accepté. L'accompagner est difficile avec beaucoup de hauts et surtout des bas. Elle va mieux et patatras ! deux ou trois semaines après elle s'effondre. Son psychiatre m'a expliqué ainsi qu'à sa sœur et à son compagnon, la maladie, le traitement... »

J'ai retrouvé un papier où figurent une date et des notes. J'ai fait le choix de laisser les mots tels quels pour retranscrire mon état d'esprit du moment.

Notes avant la première crise prises le 19 janvier 2021

– Attouchements

– Ne rien dire, tabous, chape de plomb dans la famille -> peur

– Rôle castrateur de ma grand-mère

– Culte de l'image

– Culte de l'entreprise = une personne voire plus

– Maladie = une personne voire plus

– Autorité et contrôle par la peur

– Être transparente

– Faire ce que les autres veulent et anticiper même leurs besoins

– Se conformer à l'image de la famille

– Divorce de mes parents -> le ciel s'est écroulé sous mes pieds mais j'ai gardé un sourire figé (remarque de ma sœur), on ne montre rien, on tient bon !

– Je pleurais seule dans mon lit, je croyais que c'était un cauchemar, que j'allais me réveiller

– Burn out : sensation d'avoir foncé dans un mur, très brutal car pas à l'écoute des signes

– Couple avec mon ex-mari : je n'ai pas appris à parler et lui à écouter, on a construit notre relation comme on a pu

– Mettre tout le monde sur un piédestal : je regardais les gens d'en bas, surtout ma sœur

– Pour montrer que j'existais : prise de poids

– Moqueries sur mon poids, mon physique, mes bonnes notes à l'école (collège et dans la famille)

– Toujours au régime : cholestérol et obésité (cf. visite médicale pour le sport) -> conforme-toi à la règle, stigmatisation

– Petite fille gaie, enjouée qui aime bien faire rire en toutes circonstances

– Incompréhension et rigueur/froideur de ma grand-mère

– J'ai dit à papa : « Je ne peux pas être heureuse si tu ne l'es pas ! » -> on doit être responsable de son propre bonheur, c'est trop lourd à porter pour un enfant

– Image de ma sœur : belle, intelligente, avec du caractère, communique avec les autres, moi vilain petit canard (une fois au basket, on m'avait dit : « on ne dirait pas que c'est ta sœur... »)

– Joie : kermesse

– Peurs : piscine, parler devant la classe, oser poser une question, dire non

– Je n'ai pas appris à dire non et à me respecter -> TRÈS DANGEREUX ! ! !

– S'oublier, se faire toute petite

– Croyance : s'effacer pour faire briller les autres

– Tenir coûte que coûte

– En mode survie (commando)

– À l'école, au collège, au lycée, je disais toujours comme les autres quitte à changer d'avis en fonction de la personne en face

– Le week-end, dilemme : rester avec ma sœur ou sortir avec mes copines -> pouvoir de ma sœur sur moi paralysant parfois, j'avais peur

– Contrôle des horaires, avec qui, où j'étais, envoi de SMS pour la rassurer

– Je ne me plaignais jamais, je voyais toujours pire ailleurs et le verre à moitié plein -> optimisme, joie, dynamisme

– Les autres m'ont épuisée, ma flamme s'est éteinte -> je leur ai laissé trop de pouvoir sur moi

– Trop naïve, gentille, à l'écoute, flexible, rassurante

– Je ne mettais aucune limite en perso et en pro

– Haut Potentiel Émotionnel (HPE), hypersensible

Renaissance

Tu renais, comme une fleur qui s'ouvre et s'épanouit
Tu renais, comme l'éclosion d'un œuf donnant la vie
Tu renais, comme une larve devenant petit poisson
Tu renais, comme le serpent qui change de mue
Tu renais, comme un papillon sortant de sa chrysalide
Tu renais, comme un phénix renait de ses cendres

Gaëtan

CHAPITRE 4
CONFINEMENT ET RENCONTRE AVEC GAËTAN

2020 - j'ai 39 ans et 2018 - j'ai 37 ans
Sur un air de Lady Gaga et Bradley Cooper
« Shallow »

Cela fait deux ans que je loue un appartement avec mes loulous. Nous nous y sentons bien mais nous sommes à mille lieues d'imaginer ce qui nous attend. Nous sommes en 2020, ma fille est en CP et mon fils en CM1. Fin 2019, nous commençons à parler d'une maladie qui sévit en Chine mais sans en percevoir l'ampleur. C'est en février 2020 que tout s'accélère avec le premier mort sur le sol français. La Chine est confinée comme d'autres pays. Les enfants découvrent deux nouveaux mots « confinement » et « coronavirus ». La France se fige à partir du 17 mars 2020 : interdiction de sortir de son domicile sauf cas de force majeure. Alors que notre Président nous prépare à la « guerre », nous essayons de profiter de notre nid douillet, une fois le retour de Russie de Gaëtan confirmé.

Que rêver de mieux pour tester une vraie vie de couple tous les deux ? Après avoir passé des mois à se voir seulement les week-ends et quelques vacances, nous passons maintenant tout notre temps ensemble, dans le même appartement, quasiment 24h/24. Les seules sorties pour moi sont les courses en drive ou les allers-retours avec les enfants chez leur papa. En tant que quasi-clandestin,

Gaëtan s'autorise seulement des sorties jusqu'au parking sous-terrain pour m'aider à porter des affaires ou au bas de l'immeuble pour récupérer des commandes Uber Eats !

Nous alternons les semaines à deux, ou à quatre avec les enfants. Les journées sont rythmées par les repas (et les goûters), les temps de travail derrière l'ordinateur ou de maîtresse d'école à la maison, les webinaires, les émissions de télé, les apéros ou autres ateliers créatifs en visio WhatsApp. Après un petit passage à vide et une thérapie de couple, tout repart comme avant, et le test grandeur nature est concluant : oui, nous sommes prêts à vivre ensemble, après 9 semaines 1/2 de cohabitation extrême (ça ne s'invente pas comme durée).

Nous avons la chance d'être dans un appartement assez spacieux avec un balcon, mais cette période de restriction donne tout de même envie de vivre au vert, en liberté dans un jardin. C'est décidé : nous allons chercher une maison pour installer notre petite famille recomposée…

J'avais déjà anticipé les recherches de mon côté… en espérant convaincre un jour Gaëtan de franchir le pas pour profiter de la douceur angevine. J'effectue une ou deux visites seule avec les enfants mais sans coup de cœur. Au mois de juin 2020, nous flashons sur deux maisons. L'envie de campagne et de calme nous aide à sélectionner les annonces. Nous nous sommes fixés un budget maximal mais un jour, je m'aventure à outrepasser cette limite. Et là, apparaît une magnifique maison en pierre au milieu de champs. C'est décidé, nous nous lançons et prenons rendez-vous avec l'agent immobilier. Nous y allons tous les quatre, un vendredi soir après le retour de Gaëtan de la région parisienne. Pièce après pièce, c'est grandiose et cela correspond à nos envies. Rien ne nous déplaît. Je regarde les expressions des visages des enfants et de Gaëtan. Ils rayonnent avec un grand sourire qui illumine leur visage.

Je ressens de la chaleur dans mon cœur en repensant aux dernières années passées. J'ai l'impression qu'une belle période de renouveau nous attend. Imaginer les enfants à nouveau dans une maison et avec un jardin. Je n'aurais pas pu imaginer meilleur endroit pour ma deuxième vie !

Je ne soupçonne pas encore le parcours du combattant qui nous attend. Nous signons l'offre d'achat au terme de la visite et au prix (j'ai peur qu'on nous la prenne). Cela représente un gros investissement mais le coup de cœur est tel que nous n'hésitons pas une seconde. En parallèle, ma maison de famille est en vente à Cholet. Nous comptons sur cette transaction pour avoir un bel apport pour notre projet. Afin de mettre toutes les chances de notre côté, nous faisons appel à un courtier en prêt immobilier. Je lui explique le projet et il est catégorique : ça ne passera pas ! Je sens une immense déception monter en moi. Entre-temps, l'agent immobilier nous appelle pour voir où nous en sommes. Il nous conseille un courtier avec lequel l'agence travaille régulièrement. Est-ce un coup de pouce du destin ? Je me remets à espérer, nous verrons bien. Gaëtan et moi allons au rendez-vous ensemble. À la fin de l'échange, il nous dit que ce n'est pas impossible mais que le dossier est assez complexe à défendre. Je ne sais que penser de cet entretien. Nous décidons de tenter le tout pour le tout et préparons le dossier. Après analyse du dossier, plusieurs faiblesses apparaissent : la période du COVID n'est pas propice aux prêts, les banques sont frileuses, je ne suis pas encore divorcée, je n'ai plus de revenus par mon entreprise et mon dossier médical complique l'attribution de l'assurance crédit. Je me rends compte que le principal problème : c'est moi. Cela me donne encore plus la hargne de me battre pour offrir cette maison à ma famille. Je trouve ça tellement injuste que les banques ne prêtent volontiers qu'aux personnes en bonne santé. Les personnes malades n'ont-elles plus le droit de faire des projets ? C'est une cause pour laquelle j'aimerais me battre. Nous constituons le dossier au plus vite. Les délais sont très serrés, il faut que le divorce soit prononcé avant une date butoir. Après de nombreux échanges avec l'avocat, le notaire, l'agent, puis le courtier, le dossier avance. Le divorce est prononcé le dernier jour. Je me sens pousser des ailes, j'arrive instinctivement à coordonner tous les acteurs autour de ce projet. Nous obtenons enfin l'accord de la banque. La signature aura lieu début novembre. Mais, dernier stress, le gouvernement décide à nouveau de confiner le pays quelques jours avant la signature chez le notaire. Heureusement, le premier confinement l'avait poussé à s'équiper pour signer à distance. Jusqu'au bout, cette épopée nous aura tenus en haleine. Le jour tant attendu est arrivé : jeudi 5 novembre 2020 ! Nous avons la clé de la maison qui sera vite baptisée la « Maison du Bonheur ». On ne soupçonne pas la force et la détermination d'une maman. Je suis, pour une fois, fière de moi.

Témoignage de Gaëtan :

« Lundi 16 mars 2020 : Emmanuel Macron annonce le premier confinement suite à la crise du coronavirus. En France, « c'est la guerre » selon les mots de notre Président, pendant que je suis à l'abri de tout ça, perdu au fin fond de la Russie pour un déplacement professionnel. Je ne me rends pas trop compte de la situation, mais Cathy insiste pour me faire rentrer d'urgence. Je bataille avec ma direction pour partir et j'atterris finalement deux jours plus tard à 18 H 30 à Roissy CDG, surpris par des routes désertes, pour enfin arriver à mon appartement en taxi.

Les longs déplacements interrégionaux sont interdits et je sais donc que le seul moyen de passer du temps avec ma chérie pendant les semaines à venir est de me confiner et télétravailler chez elle. Après quelques heures de repos, je pars donc dans la nuit direction Angers pour retrouver Cathy au petit matin, heureux de la serrer dans mes bras après toutes ces péripéties. »

Folle année

Plus d'une année sans poème
Pourtant je sais que tu aimes
Mais que de rebondissements
Depuis ce confinement...

Séjour avorté en Russie
Besoin de rejoindre ma chérie
Neuf semaines et demie de bonheur
Pas besoin de compter les heures

Des couples se séparent
Pour nous, nouveau départ
Sacrée crise sanitaire
Pour nous fut salutaire

Nouveau projet immobilier
Souviens-toi, fermer les volets
Rives-du-Loir-en-Anjou
Enfin notre premier chez-nous

Mais ce n'est pas terminé
J'espère pour cette année
Une femme libre et divorcée
Avec qui je veux me pacser

Gaëtan

Cela fait quelques mois que je vis seule, avec mes enfants une semaine sur deux. Mon bonheur se résume à celui de mes loulous : ils sont heureux, je suis heureuse. L'appartement est situé tout près de l'école. Cela facilite la gestion du quotidien. Les semaines sans les enfants, pour combattre la solitude, j'ai commencé à me connecter sur des forums de discussion. Ce n'est bien sûr que du virtuel mais la soirée passe plus vite. Fin septembre 2018, nous fêtons en famille l'anniversaire de Lalie. Ça fait du bien de voir du monde. Le soir, à nouveau seule, dans mon lit, je me connecte…

Plusieurs conversations commencent mais une retient mon attention. Premier critère pour moi facile à vérifier : l'orthographe. J'avoue que les fautes me rebutent. Nous échangeons quelques mots. Le feeling passe bien, comme si on se connaissait déjà. Il est assez tard, je sens la fatigue me gagner. Malheureusement, le sommeil m'emporte en pleine discussion. Je me réveille vingt ou trente minutes après. Heureusement, je constate que mon inconnu est toujours là. Il me propose d'installer « Snapchat » pour continuer à discuter, ce que j'accepte. Nous nous retrouvons ainsi le lendemain, puis la confiance venant, nous échangeons nos numéros de téléphone, pour entendre nos voix respectives et nous envoyer de plus en plus de messages en journée. Je commence à avoir des papillons dans le ventre, nous partageons les mêmes valeurs familiales, nous sommes sur la même longueur d'onde. La distance qui nous sépare est la seule ombre au tableau. La question de la rencontre en vrai se pose rapidement. Il a d'abord peur de franchir le pas, mais j'insiste beaucoup et réserve des billets de train pour aller le voir deux semaines plus tard ! Nous continuons encore à passer de longues journées et soirées à chatter, en étant tous les deux impatients de nous serrer dans les bras.

Le jour J arrive, le samedi 20 octobre 2018, il m'attend à la gare de Versailles à 12 h 23. Je suis un peu stressée avant la rencontre. Dans sa voiture, je ne parle pas beaucoup. Je réalise ce que je suis en train de faire. J'ai foncé sans réfléchir, j'ai suivi mon intuition. J'espère ne pas me tromper. Arrivés dans son appartement, c'est moi qui fais le premier pas pour notre premier baiser...

Nous passons ensuite un formidable week-end, avec une sortie au restaurant et au cinéma pour le film « A star is born » dont le titre principal de la bande originale « Shallow » restera à jamais LA chanson de notre couple.

Ce week-end « hors du temps » est magique. Je suis partagée entre garder cette nouvelle pour moi comme un jardin secret et en parler à mon entourage. Les papillons dans le ventre ne me quittent pas pendant une semaine ! J'ai l'impression d'être une jeune adolescente. Et je n'ai pas faim. Je n'ai pas de doutes sur mes sentiments envers lui. Tout s'accélère entre nous, nous allons rapidement chez ses parents en Auvergne. C'est à ce moment-là que je lui ai glissé un premier « je t'aime » à l'oreille. Cette rencontre me donne un coup de jeune. Rencontrer de nouveaux beaux-parents à presque 40 ans !

Je suis accueillie à bras ouverts, je me sens tout de suite à l'aise. Ils sont adorables. Connaître la famille et les amis d'une personne en dit beaucoup sur elle, donc c'est un moment important pour moi. J'ai hâte de rencontrer sa petite sœur, c'est une personne très importante pour lui. Ils sont très proches. Je rencontre sa petite famille, je tombe sous le charme. Chloé et Noé sont des enfants adorables. Grâce à Chloé, je découvre le monde des ados et nous partageons certains « crushes ». J'espère être une bonne tata, j'aime tellement ce rôle ! J'ai appris plus tard que sa sœur s'est demandée comment ça se passerait si elle ne m'aimait pas. C'est mignon, elle prend soin de son frère. Une bonne partie de sa famille habite le même village, donc j'ai rencontré beaucoup de monde. Hasard de la vie, mon nouveau beau-frère est né à Cholet comme moi ! Il a grandi de l'autre côté de la frontière : en Vendée. Son vocabulaire rend cette rencontre si familière : topette, boutiquer, bourrier et compagnie !

Prochaine étape, j'invite Gaëtan chez moi à Angers. C'est important car j'ouvre mon foyer à quelqu'un qui, je l'espère, va peut-être en faire partie. Cela montre aussi qu'il n'a pas peur de découvrir mon quotidien. À son tour, il dévoile ses sentiments au creux de mon oreille. J'ai le cœur qui bat fort, j'attendais ce moment avec impatience ! Sa voix et ses mots sont doux. Je sens qu'une nouvelle vie s'offre à moi. Je ne pensais pas ressentir des sentiments aussi forts si vite.

La question se pose à moi assez rapidement par rapport aux enfants. J'ai l'impression de leur cacher quelque chose, je ne suis pas à l'aise. Mais quelle est la meilleure solution ? J'en parle à une amie qui me dit que j'ai droit à mon jardin secret. Je me confie à ma maman, ma sœur et deux copines. Elles sont ravies pour moi car elles me voient radieuse. Pour mes deux loulous, je suis mon instinct, je leur ouvre mon cœur. Ils ont 8 et 5 ans. J'ai l'idée de prendre une feuille et de commencer à dessiner. J'essaie de raconter une histoire. Je trace les contours d'un château fort avec une princesse et deux enfants. Un peu plus loin, un chevalier arrive sur son destrier. J'avoue que je dois expliquer au fur et à mesure car je me rends compte que ce n'est pas très clair ! Pour moi, c'est un moment très important mais je réalise que pour eux, ce n'est pas le cas, ce qui paraît logique quand j'y pense. Donc on passe vite à autre chose.

Les mois passent et quelque chose d'inespéré se produit… Un nouveau désir d'enfant frappe à ma porte de maman. Dans mon ancienne vie, avoir deux enfants était bien suffisant. Le fait de commencer à construire une histoire sérieuse avec un nouvel homme change mes perspectives. Et puis, l'envie bien enfouie de vivre une grossesse sereine et heureuse renforce ce sentiment. Je comprends assez vite que Gaëtan a fait son deuil d'avoir des enfants, il se trouve trop vieux... À mon tour de faire mon deuil de ce dernier enfant, l'horloge biologique me le rappelant.

Témoignage de Gaëtan :

« Nous sommes le samedi 29 septembre 2018, je suis seul dans mon appartement à Poissy. Comme habituellement en soirée, je suis sur ma tablette, sur laquelle je traîne sur un salon de discussion. Comme j'aime à dire, je suis en « recherche passive » : je suis habitué à mes nombreuses années de célibat, ma timidité m'empêche de faire le premier pas, mais je reste tout de même au fond de moi en attente de la femme de ma vie...

Vers 22 h, je réponds en privé au message d'annonce d'une femme, sans espoir de réponse comme dans 90 % des cas, ou sans penser que ça puisse être une conversation intéressante, comme dans 99 % des cas. Mais le dernier pourcentage de chance me sourit, et je commence à échanger avec cette inconnue. Je suis en concurrence avec des dizaines d'autres hommes, mais étant un des rares à écrire dans un français correct, elle finit par se concentrer sur notre conversation.

Nous alternons les discussions légères et celles un peu plus sérieuses pour faire connaissance. Après un moment de « narcolepsie » de sa part, j'ai la chance d'être toujours là à son réveil afin de pouvoir continuer la soirée. Le feeling passe bien et je l'incite à installer « Snapchat » afin que nous puissions rester facilement en contact par la suite, ce qu'elle fait dans la foulée. »

Sonnet à Cathy

Cathy, cinq mois que tu fais partie de ma vie
Séduction à distance, devenue mon amante
Obligé de craquer, tu es trop touchante
Finie l'histoire du célibataire endurci

Une maman perdue, un Noah, une Lalie
Accepté le package d'une famille charmante
Reçu les confidences d'une femme troublante
Vous rendre les plus heureux, je relève le défi

Des moments très complices, du bonheur partagé
L'avenir nous sourit, des tonnes de projets
Une seule envie, être avec toi pour toujours

Rencontre inespérée, la tête dans les nuages
Distance, travail, des grains de sable dans les rouages
Mais rien n'arrêtera la puissance de l'amour

Gaëtan

CHAPITRE 5
VIE MARITALE ET ENFANTS

De 2002 à 2018 – de 21 ans à 37 ans
Sur un air de Louane
« Secret »

Ma première vie de couple commence au début des années 2000. C'est ma première histoire d'amour, après ma quête du prince charmant. Notre premier nid d'amour est à Arnage près du Mans pour suivre mes cours de DESS à l'Université du Maine au Mans. La même année, je reçois une magnifique surprise de mon Dad. Cela fait des mois qu'il économise « l'argent de poche » que lui donne ma grand-mère pour m'offrir un nouveau voyage à la Cité des Doges mais cette fois à deux. Je ressens une joie et une reconnaissance immenses. Je ne me rends pas compte à cet instant de tout ce qu'il aurait pu faire avec cet argent, mon bonheur me rend un peu égoïste sur le moment. Deux ans après ma découverte de Venise, j'y retourne avec un nouveau regard. Je me suis toujours demandée comment Dad a senti que j'avais ce besoin d'y retourner. Ça a un côté magique, je trouve. Nous sommes souvent connectés, nous nous comprenons. De plus, quel bonheur de retrouver Cesare ! C'est une si belle personne. Il restera toujours gravé dans mon cœur. Il fait partie des personnes magiques que j'ai eu la chance de croiser sur mon chemin. Elles sont en France mais aussi à l'étranger. Les langues permettent de traverser les frontières et de multiplier les possibilités de rencontres. Ma première histoire d'amour n'a été possible que par un voyage. Les terres inconnues font battre mon cœur.

Un peu plus tard, nous déménageons dans une location à Sablé-sur-Sarthe pour être plus près de mon travail. Mais nous n'arrivons pas à trouver notre place dans la vie sabolienne. Angers, notre ville de cœur, nous appelle. Nous avons la chance d'acheter un appartement tout près de la gare. Mon quotidien sera le train. J'ai juste une condition : si un jour, nous avons des enfants et que c'est trop difficile à gérer, nous déménageons pour nous rapprocher de mon lieu de travail. Je suis contente mais j'ai cette peur au fond de moi. Nous alternons les visites chez nos parents une semaine sur deux. Quand Dad est à l'hôpital, j'ai toujours peur que la porte reste fermée et que les visites ne soient pas possibles. Ça me déchire le cœur à chaque fois. Heureusement, il y a aussi des moments où tout va bien, où nous passons de jolis moments en famille. La famille, c'est très important pour moi. D'ailleurs, une jolie nouvelle arrive, ma sœur nous annonce qu'elle est enceinte. Cette nouvelle est d'autant plus intense que le petit bout de chou a mis du temps à venir. La famille va s'agrandir et je vais devenir tata ! Dad est aux anges, il avait tellement hâte d'être papy. Fin 2008, mon beau-frère m'appelle pour m'annoncer la naissance d'Evan, je suis en larmes, ma joie est immense. La vie est belle ! Et je suis encore plus fière d'être également sa marraine. C'est la première et unique fois que j'ai ce rôle.

Avec mon mari, nous n'avons jamais parlé de désir d'enfant tous les deux. Je ne me voyais pas avoir un enfant avant ma sœur. Autre fait marquant, j'annonce à mon papa que je vais me marier. C'est un moment très fort pour moi. Consciemment ou inconsciemment, je le fais en partie pour lui. Pour moi, le mariage n'est pas une obligation. Et j'ai toujours craint le mot divorce. J'ai peur de faire vivre à mes enfants ce que j'ai vécu étant petite. J'adore les préparatifs. C'est magique d'organiser un événement où sont présents les gens qu'on aime et qui ne se seraient pas rencontrés sans cette journée. Seule ombre au tableau, l'état de santé de Dad se dégrade… Les semaines passent et les chances qu'il puisse être là s'amenuisent. J'ai pris ma décision, s'il n'est pas là, je remonterai la cathédrale seule, personne ne peut le remplacer. Et là, miracle ! Les médecins n'en reviennent pas. Il réussit à aller mieux et à participer à mon mariage. Je suis la plus heureuse des mariées avec les deux hommes de ma vie. Mon Dad est un battant et son cœur a fait le reste. À ce moment-là, c'est le plus beau jour de ma vie. Nous sommes le 23 mai 2009. Dad doit commencer les dialyses, ses reins souffrent en raison des médicaments. Une nouvelle épreuve sur son chemin de vie. Nous sommes là pour le soutenir mais un sentiment d'impuissance me ronge. Ce dernier me fait plus de mal que je ne pensais.

L'année suivante, le 1er juillet 2010, un petit garçon pointe le bout de son nez en trompette : Noah. Me voici maman ! Ce petit être va me faire découvrir l'amour inconditionnel. Je n'ai jamais senti quelque chose d'aussi fort. La maternité nous permet de décupler nos forces à un point inimaginable. Et les deux seuls moments où je me suis sentie jolie sont le jour de mon mariage et lors de ma première grossesse. Tout comme son papa, j'ai la joie de pouvoir lui transmettre également mon nom de famille, que j'ai toujours conservé. Commence une vie à trois où chacun doit trouver sa place. Toutes les personnes qui nous sont chères viennent nous voir. Sauf un. Emprisonné à l'hôpital, Dad n'a pas encore vu son deuxième petit-fils. Et ça me fend le cœur. Une boule au ventre à ce sujet couplée à des nuits bien trop courtes, me fragilise sans que je m'en rende compte. Le repos du corps et de l'esprit n'est pas suffisant. Mais je suis contente, car dans cette période difficile, ma sœur a pu annoncer à Dad qu'elle était à nouveau enceinte. Même si les visites étaient dures émotionnellement, je suis contente d'avoir assisté à ce moment-là. Et un jour, lors d'une visite, il a pu voir mon fils quinze minutes. C'est court mais intense. C'est un soulagement. Je ne sais pas à cet instant que ce sera l'unique fois.

Son état de santé se détériore. C'est un cercle vicieux. La dialyse nettoie son sang des molécules psychotropes donc il ne peut pas être bien dans son corps et dans sa tête. J'ai très envie de proposer un rein pour le sauver mais quelque chose m'en empêche… Si un jour un de mes enfants en a besoin, j'aurai besoin de le sauver. L'hôpital nous prévient qu'il a émis le souhait d'arrêter les dialyses, donc de mourir. Nous sommes convoquées ma sœur, ma grand-mère et moi pour confirmer ou non ce choix. Nous sommes installées dans une toute petite salle, il y a pas mal de médecins, d'infirmières… Ils nous exposent les faits, j'ai l'impression d'être au tribunal. C'est comme si on me demandait de tuer mon papa, celui que j'essaie de sauver depuis des années. Je fonds en larmes. Je vois ma sœur et ma grand-mère garder leur dignité. Comment est-ce possible ? Cela dépasse mon petit cœur d'artichaut. Nous confirmons la volonté de Dad. Il faut désormais attendre que son sang s'empoisonne. J'ai demandé à mon patron, pendant la fin de vie de mon papa, à travailler depuis chez moi pour être plus près de lui et l'accompagner comme je peux. Je vais le voir de temps en temps. Ne pas être en capacité de l'accompagner jusqu'à la fin me fait un mal de chien. Cela me fait penser, aujourd'hui, à toutes ces familles pendant le COVID qui n'ont pas pu être avec leurs proches. À l'échelle de notre famille, c'est comme un mini-COVID. Je ne me rends pas compte mais mon corps n'arrive plus à encaisser. Mais pas le choix, il faut tenir pour Dad. De retour de visite, les yeux me brûlent, ils sont tout rouges et la peau de mes mains tombe en lambeaux. Et mes nuits avec mon loulou sont toujours aussi courtes. Le jour où j'ai décidé de retourner au bureau, je reçois un appel de ma grand-mère. Elle n'a pas besoin de parler. Je le sais. Je ressens alors un soulagement mêlé de tristesse. Je m'en veux d'être soulagée mais le voir souffrir et être impuissante, c'est invivable.

Nous sommes début 2011. Mon fils n'a plus son papy, et moi plus de papa. Je sens qu'autour de moi, on a peur que je m'écroule tant j'étais proche de lui. Mais je suis une maman désormais, j'ai un autre combat à mener : être une bonne mère. Une fois Dad décédé, nous ne parlons presque plus de lui. Je trouve ça triste mais je ne le dis pas. En clin d'œil pour mon papa, j'utilise un peu de son héritage pour faire un relooking. Il me demandait souvent pourquoi je ne prenais pas soin de moi. Heureusement, il n'aura jamais connu une des raisons… Je continue de travailler beaucoup, je m'épanouis tellement dans mon travail. Quelle place occupe mon couple ? Je n'ai pas le temps de me poser la question. Je fonce. En accord avec mon mari, je prends plus de responsabilités au travail. Je trouve difficile d'avoir un bon équilibre entre vie de famille et vie professionnelle. Je veux faire bien partout. La pression est constante. Je le sens au niveau de mes épaules, c'est lourd à porter. Une bouffée d'oxygène arrive fin 2011. J'ai la joie de devenir tata pour la deuxième fois. Cette fois-ci, c'est une fille : Sarah. La famille s'agrandit. J'ai une grosse pensée pour son papy. C'est un bébé tellement calme, je le surnomme « Zénitude ».

Cela fait quelques mois que nous sommes trois dans l'appartement. J'ai envie d'une maison. Travaillant toujours à Sablé-sur-Sarthe, je cherche à une distance raisonnable de la gare ou à la campagne pour me rapprocher un peu de mon travail. Nous trouvons assez rapidement notre achat coup de cœur. Je me rends compte que je ne sais acheter un logement que sur un gros coup de cœur. Je ne vis pas les déplacements à l'étranger de la même façon depuis que je suis maman. À peine partie, il me tarde de rentrer. Cela fait partie d'une nouvelle organisation à avoir. Deux déménagements au lieu d'un en rajoutent niveau fatigue. Nous sommes obligés de louer un logement quelques mois avant d'avoir la maison. Certains de nos amis parlent d'avoir un deuxième enfant mais nous sommes tellement marqués par les nuits courtes que nous n'en parlons pas encore. Pourtant au fond de moi, je ne veux pas que mon enfant soit fils unique. J'ai envie qu'il ait un frère ou une sœur. J'espère secrètement que son papa sera un peu moins dur avec lui en ayant deux enfants.

Fin 2012, toujours à fond dans le travail, nous partons au chalet pendant les vacances de Noël. Mes grands-parents l'ont fait construire l'année de ma naissance aux Houches, près de Chamonix-Mont-Blanc. Chaque jour, mon mari m'exprime son désaccord d'aller au chalet, c'est usant. J'ai moi aussi envie de me poser à la maison mais je ne dis rien afin de faire plaisir à ma sœur (comme je l'ai toujours fait). Nous y allons quand même, à contrecœur. Je commence à sortir sacs et valises pour préparer les affaires et me voilà tétanisée devant elles, je suis vraiment inquiète. J'appelle rapidement mon médecin qui me donne rendez-vous tout de suite. Je lui explique le problème et il me prescrit des décontractants. Une fois arrivés au chalet, ça ne s'arrange pas. J'enchaîne les nuits blanches et essaie de récupérer la journée. J'ai l'impression de me transformer en zombie. Que m'arrive-t-il ? Je reprends le travail, très fatiguée. Puis une ou deux semaines plus tard, mon corps s'arrête net, je ne peux plus aller travailler. C'est très impressionnant comme situation. Commence une longue série d'arrêts de travail, moi qui ne suis jamais malade. Ma vie bascule dans une sorte de chaos. On me conseille d'aller voir une femme médecin spécialisée dans la parole. Je passe les séances en pleurs et elle me parle de dépression. Tout de suite, elle me propose de prendre des antidépresseurs. Elle m'explique comment ils fonctionnent et aborde la question d'une éventuelle grossesse. Sans penser qu'il y ait un souci, je lui dis que nous essayons d'avoir un deuxième enfant depuis peu de temps. Par précaution, elle préfère que je fasse une prise de sang. Et, hasard de la vie, ce qui ne devait être que du bonheur se transforme en un moment assez compliqué à vivre : je suis enceinte. Ce petit bout de chou est désiré mais arrive à un moment très tourmenté pour moi. Je ne sais pas ce que donne le cocktail grossesse et dépression. La femme médecin adapte mon traitement en fonction et me conseille de réfléchir avec mon mari. La question de l'avortement se pose rapidement. Il me dit qu'il respectera ma décision. C'est un moment tellement douloureux, une maman désirant son enfant ne devrait pas se poser ce genre de question. Et je ne sais pas ce qui m'attend niveau santé. Je décide de garder le bébé. Les neuf mois sont très difficiles à vivre, je m'accroche à lui, il s'accroche à moi. Même le jour de l'accouchement, des idées noires me hantent.

Un matin, comme souvent avant de quitter la maison, je me sens très mal. Je me renferme dans les toilettes. Je vomis. Je suis tremblante. Mon mari me dit un matin : « Je devrais te confisquer les clés de la voiture, tu me fais peur ». J'arrive à prendre la voiture, poussée par je ne sais quelle énergie. C'est mon devoir ! J'ai quarante-cinq minutes de trajet par l'autoroute chaque matin. La fatigue et les médicaments ont finalement raison de moi… Vingt minutes après mon départ, je suis réveillée par un énorme bruit métallique. Je me rends compte que je suis en train de glisser le long de la barrière de sécurité. Heureusement, ma bonne étoile est là. Cela m'arrive juste avant l'entrée d'une aire d'autoroute, donc j'ai juste à continuer mon chemin pour me garer. Et surtout, je n'ai percuté personne ! Mon cœur bât la chamade. Je n'ose pas sortir pour voir les dégâts, ils doivent être conséquents. Je constate que tout le côté est en très mauvais état. J'appelle mon mari et le bureau. Quelques minutes plus tard, je repars pour aller travailler. Mes souvenirs sont flous mais je crois que mon deuxième rayon de soleil était dans mon ventre...

Et le 20 septembre 2013, une jolie petite fille est née : une jolie petite fleur, Lalie. Pour éviter toute complication pour le bébé lors de l'accouchement, j'ai réussi à arrêter mes antidépresseurs. Selon moi, cette dépression s'apparente plus à un burn out mais on n'en parle pas beaucoup à cette époque. Heureusement, des années plus tard, les langues se délient et cette souffrance est plus reconnue. Malheureusement, le mal-être continue jusqu'à une hospitalisation en psychiatrie alors que ma fille n'a que 4 mois. Je suis absente trois semaines. Je n'ai même pas pu prévenir mon fils que je partais. Il l'a appris en rentrant de l'école, maman n'est plus là... À l'hôpital, il y a une petite maison faite pour accueillir les enfants des patients. Une fois, cela m'a beaucoup marquée, une infirmière est présente pour observer comment cela se passe avec ma fille qui n'est encore qu'un bébé. Elle pleure beaucoup, j'ai peur de ce que va dire l'infirmière mais ça va. Je me sens comme une maman avec un autocollant « conduite accompagnée ». Quelque temps après, je sors de l'hôpital. C'est un moment délicat, il faut reprendre sa place et retrouver ses marques. À ce moment-là, je ne sais pas que ce ne sera pas la seule hospitalisation et la seule séparation avec mes enfants. Pendant une sortie dans un parc avec les patients, je crois voir ma fille dans une poussette avec une autre femme. Je me sens bouleversée. À la maison, mon mari met en place une organisation pour que le ménage soit fait par une aide à domicile et qu'elle m'accompagne le matin pour emmener les enfants à l'école. Elle s'appelle Khadija. C'est une personne d'un courage exemplaire et d'une douceur sans pareille. Elle restera pour toujours dans mon cœur.

Je ressens alors le désir de partager un secret de longue date. Je le confie d'abord à ma maman et à ma sœur. Quand j'étais en primaire, j'ai subi des attouchements de la part du second mari de ma grand-mère maternelle, que je considérais comme mon papy. J'en ai parlé car j'avais peur que ma sœur ait été une victime aussi. Je m'étais promis de ne pas en parler à papa, il ne l'aurait pas supporté. Donc j'ai attendu qu'il ait rejoint les étoiles pour le faire. Je ne m'attendais pas à avoir un gros coup dans le ventre. Ma maman me confie qu'il avait essayé avec elle lorsqu'elle était ado... Je me sens comme sonnée... Pourquoi m'a-t-elle laissée seule avec lui ? La petite fille en moi ne comprend pas. Et la jeune maman n'ose même pas imaginer. Je le dis cette fois-ci à mon mari. J'attends de la compassion, de la tendresse, un câlin... mais il répond juste : « Je me disais bien aussi... », en pensant à ma vie sexuelle. Je me sens abasourdie. À cette époque, je ne connais que des phases dépressives. Il faut vivre sans mon sourire et ma joie de vivre. Je me dis que mes enfants ne connaissent pas qui est vraiment leur maman. Ça me peine beaucoup. La vie doit continuer. Heureusement, il y a de jolis moments également.

En 2015, nous avons l'opportunité de partir en Laponie pour aller voir le Père Noël. Nous partons tous les trois avec la famille de ma sœur et laissons notre petite puce à ma maman. C'est un voyage magique ! Les yeux des enfants brillent lorsqu'ils découvrent le Père Noël et les nôtres alors que nous admirons les paysages polaires.

De longues périodes d'arrêt maladie s'enchaînent avec des reprises en mi-temps thérapeutiques. Quand je me sens fatiguée, Noah et son papa me préparent un bain avec de jolies bougies et des sels de bain, ça fait tellement de bien ! Mon fils prend naturellement soin des autres, c'est une de ses qualités.

Un matin, mon mari parti en voyage scolaire (il est professeur), mes beaux-parents sont là pour m'aider avec les enfants. Je pars travailler et je ne fais pas attention, j'oublie mon téléphone alors que je ne le quitte jamais. Malheureusement, je ne vais pas bien du tout mais je pars quand même... comme d'habitude. J'arrive près du bureau et je n'arrive pas à franchir le portail... Je m'arrête une ou deux rues à côté. J'ai pensé à mettre un couteau dans ma glacière au cas où... Une fois encore je me vomis dessus. Je glisse sur le tapis de la voiture, j'attends là... Mais je tiens bon. J'ai l'impression que cela dure une éternité. J'entends du bruit... Mon collègue, José, apparaît. Je ne me rappelle plus quels sont mes ressentis. Il me propose d'aller à la cafétéria de l'hôpital juste en face. Il m'explique que tout le monde me cherche. Ma maman arrive avec mes beaux-parents. J'ai rendez-vous avec mon médecin dans le cadre d'un arrêt de travail. Il voit ma tête et me dit froidement : « on dirait que vous venez de tuer quelqu'un ! » J'en ai froid dans le dos. À chaque visite, cette phrase résonnera dans ma tête. Le soir même, je réussis à aller à mon cours de JayDance (zumba). C'est un moment important pour se défouler et s'exprimer par le corps. Un soir, Jérôme m'avait dit qu'il voyait une vraie femme danser désormais, après tous mes entraînements. Ce moment m'a beaucoup marquée : un compliment, enfin ! Je me suis sentie jolie le temps d'un instant.

La direction de Tama tente de trouver le poste idéal pour moi après ma traversée du désert, en vain, j'ai trop de séquelles de mon burn out. Après dix ans de bons et loyaux services, je quitte Tama par une rupture conventionnelle.

Lettre de recommandation de la Direction de Tama :
« Cathy a bien souvent dépassé les objectifs fixés et a fait preuve d'une vraie sagacité et perception commerciales. Cathy a su gagner le respect de ses collègues et nouer de bonnes relations avec eux. Proactive, passionnée et enthousiaste, Cathy peut aisément collaborer tout en acceptant de travailler seule et de prendre des décisions commerciales clés le cas échéant.
Cathy est une personne consciencieuse, honnête, qui fait son travail avec sérieux et maîtrise même sous pression. Notre activité est saisonnière et elle a su gérer les demandes d'une fonction aux responsabilités variées en toute efficacité, de manière calme et organisée. Elle a apporté un précieux soutien à son directeur commercial qui s'est souvent fié à ses compétences et son expertise. »

Je pensais faire toute ma carrière avec eux et là je ressens comme un grand vide, j'ai perdu ma famille de cœur. Les périodes de moins bien sont jonchées de cauchemars plus horribles les uns que les autres. Nous ne savons plus quoi faire. Maman est toujours là pour intervenir, telle une ambulance. Nous lui devons beaucoup. Elle occupe la fonction maternelle par intérim et maintient la famille debout tant bien que mal. Elle trouve une coach de vie basée en région parisienne qui travaille à distance. Nous commençons d'abord par visio et après au téléphone car je me sens plus à l'aise. Elle me parle souvent d'elle et de la maladie de son fils. Ça me fait d'ailleurs culpabiliser car je me sens mal alors que mes enfants vont bien. J'essaie de me confier un maximum alors que je ne parle pas beaucoup de moi. Des tensions au sein du couple s'intensifient. Il me dit que la maison est pour lui un défouloir, qu'il faut arrêter ma relation étroite avec notre fils… Elle me dit souvent que les hommes sont comme ça, elle me parle de son mari. Cela devient très compliqué à la maison, je lui dis que j'ai pris ma décision : la seule solution est de divorcer. Elle me fait culpabiliser et me dit que je vais détruire ma famille. Elle me dit bien qu'elle enfreint les règles du coaching en donnant son avis personnel. Elle me fait changer d'avis. Un soir où mon mari est au théâtre, je garde les enfants. Je ressens un énorme mal-être. J'appelle la coach et elle me parle pour faire passer le mauvais moment. Mais parfois, l'horreur est dans ses paroles. Connaissant les attouchements dont j'avais été victime, elle m'interdit de donner le bain à mes enfants… J'ai l'impression d'être un monstre à ses yeux. Mon mari prend note de cette décision et ne prend pas ma défense. Je me sens ravagée. Au bout de quelques mois, je mets fin au contrat. Elle a aussi tenté d'aider mon fils dans son comportement et son écriture difficile mais je sens le besoin de le protéger et j'arrête aussi. J'ai peur qu'elle ait une mauvaise influence sur lui comme sur moi. Les moments où je suis moi, c'est-à-dire avec mes capacités, j'essaie de prendre les décisions nécessaires.

Début 2016, je ressens le besoin de changer mon fils d'école. J'ai l'impression qu'il est stigmatisé en tant qu'élève difficile et cela ne me plaît pas qu'il ait une étiquette sur le front. J'en parle à son papa mais il est contre. Je vais aux portes ouvertes de la nouvelle école, et je tombe sous le charme. Je vois déjà mes deux loulous gambader dans la cour à l'ombre des arbres centenaires. Je sens qu'il faut que je suive mon instinct de maman. J'use beaucoup d'énergie pour faire valider mon idée. Je me sens épuisée mais contente d'avoir suivi mon instinct. Le moment tendu passe et nous préparons les vacances d'été. Nous allons dans notre chalet des Alpes. Quelques jours avant le départ, je ressens comme une lumière en moi, un éclaircissement de mon passé et du présent. J'accueille ce moment et préviens mes proches que j'ai pris conscience de certaines choses mais qu'il faut attendre pour en savoir plus. Ma maman et ma sœur sont contentes et patientent donc. Mon mari est plus insistant voire intrusif et veut en savoir plus tout de suite. Il me pose beaucoup de questions et je me sens comme agressée. C'est comme un acharnement, à tel point qu'en me couchant je ressens des spasmes et j'ai du mal à respirer. Nous sommes la veille du départ en vacances. Le trajet se passe sans problèmes. Là-bas, je ressens rapidement des signes de mal-être, quelque chose ne va pas. Ce ne sont pas des hallucinations mais c'est comme si je voyais les choses différemment, d'un regard biaisé. Une fois de plus, le lit est mon refuge. Mon mari doit tout gérer, dont les enfants bien sûr. Je ne sais plus comment cela s'est passé mais la coach est revenue dans nos vies. Mon mari passe beaucoup de temps au téléphone avec elle pour obtenir de l'aide. Elle a un rôle important dans ce moment de ma vie. Pourtant, j'avais tout fait pour m'en détacher. Je quitte de moins en moins le lit et le mal-être grandit en moi. Jusqu'au jour où elle lui dit que cela suffit, il faut que je sorte du lit. Je gâche les vacances de tout le monde. Il entre dans ma chambre précipitamment un matin et me force à me lever. Puis, il me déshabille et me douche sous la contrainte. Même s'il s'agit de mon mari, je me sens agressée. Nous partons en altitude via un funiculaire très à pic. Ayant le vertige, j'ai très très peur, je serre ma fille fort contre moi, j'ai vraiment peur qu'on tombe. Une fois arrivés, le soleil tape fort mais je n'ai ni casquette, ni lunettes. J'ai l'impression d'avoir des hallucinations, que les gens autour parlent de moi. Je ne suis presque plus reliée à la réalité. Nous redescendons et faisons un tour dans le centre. La foule m'oppresse. Je me sens complètement désorientée. Nous rentrons au chalet. Les enfants prennent leur bain, je suis seule avec eux. Ils commencent à faire des bêtises, je n'arrive pas à les gérer, je suis désemparée. Leur papa termine son énième appel avec la coach. J'ai tout donné niveau énergie, je me couche. Je ressens de grosses douleurs à la vessie, je ne vais même plus aux toilettes. Ma sœur et sa famille arrivent le lendemain. Il est prévu que l'on parte tous en Angleterre.

C'est un voyage qui me tient à cœur et que j'ai organisé. Leur arrivée est floue dans ma tête, je me rappelle juste devoir faire mon sac pour partir. Je ne sais plus si je dis au revoir à tout le monde et je monte dans la voiture avec mon mari. Je regarde dans le rétroviseur et je vois le chalet exploser comme un feu d'artifice, tel un « James Bond ». Le plan pour « m'évacuer » est de rouler jusqu'à mi-chemin pour retrouver ma maman. Sur l'autoroute, nous avons une grosse frayeur : j'ouvre la portière à un péage ! Heureusement que je ne l'ai pas fait à pleine vitesse, c'est la preuve que je ne sais plus ce que je fais. Nous retrouvons maman à mi-chemin entre le chalet et son domicile, à Saint-Pourçain-sur-Sioule (Allier). Mon mari me confie à elle et nous reprenons la route à destination de Cholet (Maine-et-Loire). On peut avoir l'impression que cela fait partie d'un plan ORSEC (plan d'urgence). Brigitte, une de ses amies l'accompagne. Elle me témoigne son soutien à chaque fois que je flanche. Je l'en remercie. À chaque commune traversée, j'ai l'impression de participer aux funérailles d'un ami ou d'un membre de ma famille. Je sens l'encens sous mon nez. C'est très troublant. Nous arrivons chez ma maman. Les souvenirs sont très flous. Je sais que la coach continue à avoir de l'emprise sur ma famille mais cette fois avec ma maman. Elle lui dit que je simule et qu'il faut appuyer fort sur ma poitrine pour me faire réagir. Maman le fait, croyant bien faire. Elle lui dit aussi de mettre la pomme de douche sur mon visage. J'ai l'impression de me noyer. Dès que j'entends son téléphone sonner, je me crispe en moi car je sais que c'est la coach. Elle essaie de capter mon attention avec les deux seules émissions que j'accepte de regarder : « Les 12 coups de midi » avec Jean-Luc Reichmann et « N'oubliez pas les paroles » avec Nagui. Ces deux animateurs ont une place importante dans ma vie. Ils font du bien à leurs téléspectateurs. « Plouplou », un ami de la famille, nous rend visite. Je me rappelle juste de deux choses. Il dépose un gâteau apéro très croustillant dans ma bouche (j'entends encore le bruit). Et dans mon délire, je le prends pour le Père Fouras. Maman m'emmène voir mes amies pour essayer de me stimuler. Je n'arrive pas à parler. On me tend un papier pour essayer de communiquer et j'écris le nom de mon mari. Ma maman fait tout pour prendre soin de moi mais un jour je tombe dans la douche, elle appelle une ambulance. Je passe par deux urgences et termine à l'hôpital psychiatrique que je connais déjà. Je passe trois semaines en catatonie (coma éveillé), c'est un état que l'on voie davantage chez les personnes âgées. Je ne bouge plus, ne parle plus, ne mange plus, ne bois plus... par moi-même. J'ai même une sonde urinaire. Je fais un cauchemar où je suis dans le noir sur les lieux d'un crash aérien et je suis en train de chercher mes enfants. Je me souviens qu'un voyage était prévu. Un jour, deux infirmières me portent pour m'approcher de la fenêtre afin que je prenne l'air. Un filet d'air passe par la fenêtre légèrement entrouverte pour des raisons de sécurité. Je sens l'air frais dans ma trachée et mes narines.

Et un jour, je reprends mes esprits comme par magie, le jour de l'anniversaire de ma grand-mère, le 5 septembre 2016. J'ai appris que le lendemain étaient prévus des électrochocs car ils ne savaient plus quoi faire pour me « réveiller ». Malheureusement, je me rends compte que j'ai raté la rentrée de mes enfants dans la nouvelle école. Je ressens une grande culpabilité. Et quelques jours plus tard, on me dit qu'ils sont bien partis comme prévu en Angleterre cet été. Je pleure, je suis contente et soulagée, je n'ai pas tout gâché. À chaque hospitalisation, j'ai toujours peur de perdre la mémoire. Il m'arrive de passer des journées entières à répéter le prénom de mes enfants par peur de les oublier : Lalie, Noah ! C'est ma plus grosse frayeur. Cette fois-ci, je reviens de très loin. Les pouvoirs du cerveau sont exceptionnels dans le positif comme dans le négatif. Je reçois du courrier, des dessins, cela me fait du bien. Je me sens moins seule. Je m'entends souvent bien avec ma voisine de chambre. Et quand je vais mieux, je reçois des visites. Arrive le jour de ma sortie. Je me sens beaucoup mieux. Je ressens le besoin de revenir pour témoigner auprès de patients qu'il faut garder espoir et qu'un jour viendra ils iront mieux. J'ai toujours besoin de penser à l'Autre. En tout cas, ce jour-là, le cœur a parlé. Mes enfants ont 3 et 6 ans.

Le Mal et l'Être

Ce lieu accueillant tous mes tourments,
Sans aucune once de jugement
Est un vrai havre de paix.
L'équipe fait preuve d'un grand respect
Écoute et échanges y règnent
Et soignent nos âmes qui saignent.
Quel bonheur de rentrer sereins
Après un travail main dans la main.
Que dire de votre dévouement
Si précieux à chaque instant !
Ce dernier vers, le douzième
Finira par Carpe Diem

Cathy

(J'ai écrit ce poème pour le personnel soignant lors d'une hospitalisation au CHU d'Angers au mois de décembre 2016)

L'année suivante, nous organisons un voyage en famille, en Italie. Nous partons en avion dans la région des lacs dans le nord de l'Italie. Nous y retrouvons, Cesare, mon maître de stage à Venise. C'est la première fois qu'il voit les enfants, c'est très émouvant. Nous louons un logement dans un cloître près d'une petite église, ma fille en tombe amoureuse. Il faut profiter des bons moments dans la vie. Vive la dolce vita ! C'est tellement bien que nous y retournons l'été suivant avec la famille de ma sœur. Ma Lalie est une petite fille déterminée et très débrouillarde. J'espère que ces deux qualités l'accompagneront tout au long de sa vie.

Je me rends compte que la coach est sortie définitivement de ma vie. J'ai peur qu'elle fasse du mal à d'autres clients. Maman éprouve le besoin de lui écrire une grande lettre pour exprimer son ressentiment. Elle n'obtient aucune réponse. Je suis suivie régulièrement par un psychiatre et je vais voir un naturopathe. J'y trouve mon équilibre. Le quotidien est de plus en plus tendu, j'ai peur que ma santé rechute. Je ne veux pas que mes enfants perdent leur maman. Je me fais aider de temps en temps par Nathalie, une autre coach, jusqu'à cette fameuse séance où elle me dit que j'ai le choix : soit je reste à me plaindre toute ma vie, soit j'agis… Le message est très clair et résonne en moi. Tout ce qui était impossible pour moi devient inéluctable. Comme souvent dans ma vie, je m'appuie sur une chanson pour exprimer ce que je ressens. Un soir, j'arrive à avoir le courage de donner ces paroles à mon mari. Le divorce se répète dans mon histoire familiale. Pour l'annonce aux enfants, je ne veux pas de quelque chose de triste ou très pesant. J'essaie de positiver. Je suis tellement marquée par l'annonce de mes propres parents que le revivre en tant que maman est très délicat. Quand un copain de mon fils apprend la nouvelle, il est triste. C'est mon fils qui lui remonte le moral en lui disant que c'est pour aller mieux. Je lui dis souvent qu'il faut toujours voir le bon côté des choses, là il m'épate ! Nous cohabitons deux ou trois mois. Puis, je dois trouver un logement car mon futur ex-mari ne veut pas quitter la maison. Un vendredi soir, je me retrouve seule dans la rue, de nuit, face à la maison. J'ai l'impression de les abandonner, j'ai très mal au cœur. Je vais passer ma première nuit sans eux, je suis angoissée dans mon nouvel appartement.

En même temps, j'organise en secret les 40 ans de ma sœur et de mon beau-frère. Ça me donne du baume au cœur et m'occupe beaucoup l'esprit. C'est un merveilleux souvenir. Et le même mois que l'annonce de la séparation, je crée une entreprise d'aide à domicile avec un ami. La petite Syama est née. J'ai besoin de créer quelque chose de cette période de chaos. Mais est-ce le meilleur moment ? Personne n'a de boule de cristal. Le phénix renaît-il de ses cendres après s'être consumé de l'intérieur ? Je suis également des formations pour cette reconversion car je ne connais rien à ce secteur. J'ai plusieurs casquettes : maman solo, chef d'entreprise, étudiante… Je ne me rends pas compte que cela fait beaucoup. J'apprends énormément à intervenir au domicile de mes clients. C'est un métier très enrichissant. Lors d'un stage proposé par Pôle Emploi, je rencontre Fabienne chez qui je vais découvrir l'univers des loisirs créatifs : encore une rencontre avec une belle personne ! Je souhaite proposer des services de loisirs à domicile mais j'ai plutôt la joie de transmettre cela à ma fille. Nous apprenons à vivre à trois avec les enfants et ils prennent leurs marques avec deux domiciles en garde alternée. Je ressens cette pression où je me dis que je n'ai pas le droit de flancher.

Témoignage de Christelle :

« Comment nous sommes-nous connues ?
Nous nous sommes connues grâce à ton ex-mari. Il m'a remplacée pendant deux congés maternité. Je me rappelle un dîner chez vous où tu étais très triste, effacée. Il prenait toute la place. Tu étais comme son faire-valoir. Il nous a mises en relation à la suite de nos burn out afin que nous puissions échanger. Il a vite ressenti de la jalousie face à cette nouvelle relation.

Comment décrire notre relation ?
C'est une relation de bienveillance totale, de respect, d'écoute, d'entraide, d'amour au sens large du terme (Amour).

Comment sommes-nous remontées à la surface après le burn out ?
Je peux te confier des choses en toute confiance, sans peur de jugement, avec la certitude d'être comprise. Il y a eu des ratés avant la remontée à la surface. Le burn out est une terre brûlée.

Est-ce que ça aide de vivre une expérience similaire ?
Nous avons des histoires différentes mais je sais que tu sais, pas par les mots. La relation peut se passer de mots. Nous partageons nos expériences. Quand tu n'es pas bien, je te donne l'image d'un nuage au-dessus de la Maison du Bonheur. Et toi, tu me donnes l'image du tunnel avec la lumière au bout qui brille et ne brûle plus. Je m'accroche à ça car tu es passée par là, il faut que je continue. »

Ma petite étoile

Ma Cathy, tu es ma brillante étoile.
Quand je m'éveille dans le calme du matin,
J'ai une pensée très délicate pour toi...
Tu brilles nuit et jour dans le fond de mes yeux.

Tu es une étoile toujours fidèle,
Qui me porte chance à chaque instant...
Ma petite étoile, toi qui scintilles,
Tu as comme mission, réconfort et bonheur !

Dad

CHAPITRE 6
TRAVAIL

De 2005 à 2015 – de 24 ans à 34 ans
Sur un air de Yannick Noah
« Ose »

Nous sommes en 2004. À 23 ans, je finis ma dernière année d'études pour valider mon DESS Gestion de l'Entreprise Exportatrice, à l'Université du Maine au Mans. En plus des cours et des examens, un stage en entreprise fait partie de la validation. Je commence mes recherches dans un secteur qui me tient à cœur : le transport routier. J'expliquerai pourquoi un peu plus tard. J'envoie plusieurs CV et lettres de motivation. J'essaie de trouver aux alentours du Mans. Je reçois assez vite une réponse des Transports Heppner à Changé. Je suis convoquée pour un entretien. Je ressens une certaine fierté d'avoir la possibilité de mettre un pied dans ce secteur d'activité. Je pense à mon papa. En écrivant, je me rends compte que cela fait presque vingt ans que j'ai commencé ma vie active ! Le temps passe tellement vite. Je suis convoquée à un entretien. Il ne s'agit pas de mon premier stage mais mon cœur bat fort dans ma poitrine. Tout se passe bien, on me propose de remplacer une salariée en congé maternité dans le service cotation lots. Cela consiste à faire des devis pour répondre aux demandes de transport. Je ne m'occupe pas de la messagerie (colis) mais des envois de palettes. L'activité se situe en France mais aussi à l'étranger. Je suis contente de pouvoir utiliser mes langues étrangères. Mon stage dure six mois.

Au bout de quelques mois, je commence à faire des recherches pour trouver mon premier travail à l'issue du DESS. Je regarde les annonces et cible plutôt les offres dans ma région. Je suis consciente que beaucoup de postes sont sur Paris ou en région parisienne. Vivre dans la capitale ne me tente pas beaucoup. Je pars du principe de tenter d'abord mes recherches localement avant d'élargir si besoin. Entre temps, l'entreprise où je suis me propose un CDI. La question se pose : faut-il plutôt jouer l'assurance ou tenter une autre aventure ? Je repère une annonce publiée par un cabinet de recrutement à Nantes. Je me dis que ça ne coûte rien d'essayer, j'envoie donc mon CV avec une lettre de motivation. Je pense aussi que mon manque d'expérience ne va pas jouer en ma faveur. Quelques jours se passent et un premier contact téléphonique se fait. Quelle joie ! Mon profil les intéresse. J'ai un premier entretien téléphonique. Tout se passe bien, je passe le premier tour. Après avoir patienté un peu, je suis convoquée dans leurs locaux à Nantes. Je me le rappelle comme si c'était hier. Je croise sur mon chemin le château, la cathédrale... le quartier est très sympa. J'espère que c'est bon signe ! Il est prévu que je rencontre mon potentiel futur patron. La pression monte un peu, c'est mon premier vrai entretien. Me voici devant la porte, je sonne à l'interphone et suis conviée à monter à l'étage. J'emprunte l'ascenseur, il se referme, je sens mon cœur battre fort et vite dans ma poitrine. L'ascenseur s'ouvre et je vois au loin une personne dont l'apparente bonhomie me rassure et me réconforte. Je devine qu'il doit s'agir de ce fameux patron. Le consultant se dirige vers moi et nous présente. Premiers échanges de regard, ce sont toujours des moments importants. On dit souvent que la première impression est la bonne. Je me sens à l'aise pendant l'entretien, je réponds aux questions en toute simplicité, en français et en anglais. Je n'ai pas l'impression que mon peu d'expérience soit un frein pour eux. Peut-être cherchent-ils la fraîcheur de la jeunesse ? Il ne me reste plus qu'à croiser les doigts. J'espère avoir passé cette étape. La prochaine est un entretien au siège de l'entreprise avec deux personnes de la maison mère. J'ai envie d'y croire. Quelques jours passent et mon téléphone sonne à nouveau... Yes ! ! ! je suis convoquée pour la finale ! ! ! Quel bonheur ! ! ! Les prochains échanges seront uniquement en anglais. Le jour J arrive enfin. Comme à mon habitude, j'arrive très en avance. J'aime bien repérer les lieux et m'en imprégner. J'arrive devant l'entrée et sonne à l'interphone. Je rentre dans un petit appartement quasi vide. J'entends parler anglais dans la salle de réunion à côté. Je rencontre une femme et un homme venus d'Israël pour le recrutement. Quel honneur ! N'étant pas natifs de langue anglaise, ils parlent assez lentement. Cela me permet de comprendre les questions plus facilement. Il est toujours plus difficile de parler une langue que de la comprendre. Je confirme ! On m'explique à la fin que le choix se fera entre un autre candidat et moi. Donc je continue à croiser les doigts... Peu de temps passe et alors que je suis dans une galerie marchande au Mans, mon téléphone sonne... Je comprends vite qu'il s'agit de LA réponse, mon cœur bat la chamade. Quel bonheur d'entendre ma sélection pour ce poste ! Ça y est, j'ai trouvé mon premier emploi : assistante commerciale dans la filiale d'un groupe israélien dans le domaine agricole à Sablé-sur-Sarthe.

C'est une création d'entreprise donc une aventure unique à vivre. J'ai hâte d'annoncer la nouvelle, plus particulièrement à mon Dad qui n'a jamais cessé de croire en sa fille. Je suis fière d'avoir trouvé un travail par moi-même. Je ne suis pas une personne qui sait se vendre ou qui a une grande confiance en soi, donc c'est d'autant plus fort à vivre. Bref, je savoure l'instant. Je suis rapidement mise dans le bain car avant mes débuts au bureau, on me donne rendez-vous à Paris pour rencontrer l'expert-comptable de l'entreprise. Tout se passe bien même si je ne comprends pas tout. Le grand jour arrive, je suis en avance comme à mon habitude. En plus, j'ai de la route, j'habite à Arnage près du Mans. Je me rends vite compte que je suis arrivée avant mon PC et la plupart des meubles, c'est vraiment une création d'entreprise. Quelle expérience grisante ! Il m'est même arrivé de monter un meuble. Je me rappelle toujours mon patron me dire que s'il reste des vis, ce n'est pas bon signe. Vu l'air bancal du meuble, il a raison, j'ai raté des étapes… Heureusement, ils ne m'ont pas engagée pour mes talents de bricolage. Assez rapidement, je me retrouve seule toute la journée. Une des missions de mon patron est de commercialiser nos produits dans la France entière, vaste terrain. Le téléphone ne sonne pas car nous ne sommes pas encore connus. Donc je traduis des documents techniques à longueur de journée, j'apprends le vocabulaire français en même temps que l'anglais. Ouf, je ne dois pas traduire de l'hébreu ! Assez rapidement, je ressens en moi le sentiment que je vais aller loin dans cette entreprise. Je ne sais pas comment l'expliquer, c'est comme une évidence. Je me sens différente par rapport à ma vie personnelle. J'ai plus d'assurance et on me renvoie du positif, il n'y a personne pour me dévaloriser. Nous sommes en janvier 2005. Ma vie active commence à 23 ans. J'ai envie de m'y donner corps et âme (je ne crois pas si bien dire…). Les semaines passent et j'ai l'impression de mettre au monde un bébé. Nous partons de rien, tout est à créer. Quel challenge grisant rempli d'adrénaline ! Le mois suivant mon embauche, je me retrouve sur un merveilleux stand aux dimensions vertigineuses au SIMA (Salon International du Machinisme Agricole) à Paris. C'est mon premier contact à la fois avec les produits, les utilisateurs, les clients (enfin… futurs) et mes collègues du groupe, bref, direct dans le grand bain ! Je sens déjà que cette entreprise est comme mon bébé. Je suis vite mise dans l'action. J'apprends au fur et à mesure. C'est passionnant ! Je découvre le monde agricole, j'apprécie de travailler avec des collègues et clients masculins. C'est un univers rempli de valeurs et proche de ses racines. Je m'y reconnais pas mal, cela fait un effet miroir : l'amour de sa terre et la transmission à sa descendance. La société mère est située dans un kibboutz en Israël. C'est un environnement totalement inconnu pour moi, je connais juste de nom. C'est un type de village collectiviste. L'activité agricole y est majoritaire. Il s'agit du kibboutz Mishmar Ha'Emek situé dans la vallée de Jezreel dans le nord d'Israël. Il a été fondé en 1926. L'entreprise s'appelle Tama, fondée en 1950 par des agriculteurs. Le collectivisme induit que les ressources financières soient centralisées au niveau du kibboutz et que chaque personne reçoive une dotation en fonction de ses besoins et non un salaire. Il en va de même pour les logements, les personnes déménagent à chaque fois que la famille s'agrandit. Le nettoyage du linge est également centralisé. Chaque vêtement est étiqueté. Un grand réfectoire prépare des repas midi et soir. Certains habitants préfèrent manger chez eux. Personne ne possède de voiture, il existe un parc d'automobiles à emprunter avec un système de badge. La ferme est équipée d'un robot de traite, ce qui rend les vaches autonomes dans la gestion de leur lait. Il y a aussi un élevage avicole. J'ai la chance de m'y rendre dès novembre 2005 dans le cadre d'un séminaire sur le thème de la finance. J'y découvre les travaux de groupe entre filiales et maison mère, des conférences et une sortie sur le thème de la cohésion et de la connaissance de soi. J'ai vraiment la sensation de faire partie d'un groupe, peu importe la langue parlée. C'est une expérience tellement enrichissante. Quelle chance ! Le personnel de Tama est vraiment accueillant, on se sent chouchouté. Tout est super bien organisé. Je ne le sais pas encore mais je vais aller treize fois en Israël en dix ans. Les autres fois je serai accompagnée. C'est toujours un plaisir d'y aller. Au fil du temps, des liens forts se créent entre mon patron et moi. Nous sommes très complémentaires. Il dit qu'il passe le bulldozer et moi le rouleau compresseur après pour les finitions. Il s'occupe du commercial et moi de tout le reste :

– Gérer l'administration des ventes, le traitement des commandes, le marketing, les services des ressources humaines, financiers et logistiques de la société afin de l'aider à atteindre ses objectifs annuels.

– Gérer le personnel de bureau et garantir le bon déroulement des opérations administratives.

J'ai de plus en plus de responsabilités et j'ose enfin un jour demander le statut de cadre. Ma demande est acceptée et me voilà à 25 ans avec ce nouveau statut. J'ai tellement hâte d'annoncer la nouvelle à mon papa. Il est fier et aux anges. Comme souvent, cela lui donne de l'inspiration pour écrire un beau texte. Moi qui n'ai pas beaucoup confiance en moi, j'avoue que cela m'aide beaucoup. Notre expert-comptable dit souvent que je travaille comme une trentaine de personnes. Puis, un jour tout s'écroule… Mon corps dit stop : ce que ma tête ne sait pas faire. C'est comme un fusible qui saute. Moi si active, je passe les journées sur le canapé. Je ne me reconnais pas, mon entourage non plus. Quel est donc ce phénomène ?

Traduction du témoignage de Sam, une ancienne collègue et amie anglaise :

« Quel était mon comportement au travail ? Quelles étaient mes principales compétences ?

Tu étais une professionnelle accomplie portant beaucoup de casquettes et faisant différentes tâches (support commercial, gestion de commandes, management de l'équipe, finances, logistique, administratif, ressources humaines). On pouvait voir que tu t'épanouissais, tu aimais être impliquée dans A3F dès ses débuts, voir son expansion et savoir que tu en faisais partie. Tu avais un sens poussé du commercial, très instinctif, très bon support de l'équipe commerciale et administrative et tu trouvais du plaisir à travailler avec eux. Tu avais l'esprit et les valeurs de Tama dès le début. Tu rentrais dans le moule. Tu étais un membre de l'équipe proactif qui ne pensait pas à ses propres résultats mais à ceux de l'équipe entière. Tu t'impliquais. C'est ce que j'ai remarqué au fil des recrutements, ceux qui s'intègrent le mieux chez Tama sont ceux qui s'impliquent. Mais cela peut laisser des traces et cela demande beaucoup de la part des employés. Tu étais amicale, aidante, source d'informations et de connaissances, collaborative. Tu mélangeais les connaissances en commercial, sur les produits et l'administratif : une vraie polyvalence. Tu étais une collègue digne de confiance, gentille et intelligente. »

Témoignage de Lise, une ancienne collègue et amie :
« As-tu remarqué des hauts et des bas ?
Avant tes périodes de « moins bien », c'est la constance qui te caractérisait. Tu te réjouissais des choses simples. Ta bonne humeur était communicative.
À y réfléchir, il y a eu un avant et un après l'arrivée de ton fils. L'arrivée d'un enfant et le manque de sommeil peuvent faire cet effet là aussi. Je me souviens que tu m'avais dit que si je n'avais pas pris mon 80 %, tu l'aurais demandé. Définir tes priorités et tes besoins en fonction des autres, ce que tu penses que l'on attend de toi peut à terme être un frein. Je te dis ça en connaissance de cause.

Pensais-tu que j'étais fragile ?
Non, fragile n'est pas le mot. C'est davantage ta pudeur sur tes émotions ou sur ce que tu vivais qui selon moi ne t'a pas aidée. À force de garder pour soi, le vase se remplit et finit par déborder. »

Témoignage de Matthieu, un ancien collègue et ami :
« Quels sont tes meilleurs souvenirs avec moi ?
Il y en a tellement. On a commencé l'aventure Tama ensemble en 2005. Les fous rires au bureau rue Carnot, les compétitions de cuisine. Mon premier bureau dans les toilettes ! ! ! Les premiers fax en 2005 où l'on attendait les premières commandes. Et puis tout simplement, le plaisir de travailler ensemble comme un réel binôme. Même aujourd'hui, Cathy restera une de mes meilleures collègues depuis dix-huit ans.
Regrettes-tu certains moments de cette époque ?
Non, on ne pouvait pas à l'époque. L'entreprise était en plein essor, chaque année était différente (ce qui fait la force de cette société). Je pense toujours que beaucoup de personnes nous enviaient de pouvoir travailler dans une entreprise avec une réelle vision.

Quelles sont mes compétences ?
Sérieuse, rigoureuse, à l'écoute des gens, l'amour du travail bien fait, organisée, la maîtrise des outils, la volonté de s'assurer que les choses fonctionnent.

En complément :
Cathy était toujours dans les comités de nouveaux projets. Il y avait un grand respect de la part de Tama Group sur son professionnalisme. D'où le surnom « Holy Cathy » (sainte Cathy). Cet acquis a été construit par son « savoir-être » bien sûr mais aussi par ses performances. Cela sera un des points que je me rappellerai. »

Ovation d'un travail bien fait

Ma chère Cathy je suis fier de toi.
Au milieu de cette grande table
Parmi directeurs et responsables.
Et toi, assistante commerciale,
Brillante dans ta nouvelle fonction,
Tu combles de bonheur ton très cher Dad.
Par ton intelligence, ton charme,
Et tes bonnes valeurs linguistiques,
Ont contribué à ta réussite
Dans la simplicité et la modestie.
Je t'encourage dans la poursuite
De l'exercice de ton beau métier,
Et responsabilités à venir...

BRAVO !

Dad

CHAPITRE 7
ADOLESCENCE

Sur un air de Jenifer
« J'attends l'amour »

Voilà la fin de ma scolarité en primaire dans l'école « Bel Air » située dans mon quartier. Elle est à taille humaine. Toujours la grande question : vais-je retrouver mes copains et copines ? Ma grande copine, Katiana va dans le même établissement que moi mais en change après. Heureusement, nous gardons contact grâce au basket. C'est grâce à elle que j'ai commencé ce sport. Elle s'était inscrite, j'ai dit : « je veux faire ça » à mes parents. J'arrive dans un collège beaucoup plus grand que mon école. Je dois m'habituer à changer de salles, changer de professeurs. C'est un fonctionnement complètement différent du CM2. Toujours aussi timide, je ne participe pas assez, au grand dam de mes professeurs. Ma plus grande appréhension est le cours d'EPS : pour le sport en lui-même et l'épreuve du vestiaire. Je suis nulle et je suis confrontée à mes camarades qui ont un corps beaucoup moins développé que moi, en plus du surpoids. Cela fait beaucoup de différences à supporter pour une élève de sixième. Un peu plus tard dans l'année (je me le rappellerai toujours), c'est un matin pendant un cours d'anglais… Comme le dit l'expression, je suis devenue une femme. Un peu trop tôt à mon goût et à celui de mes parents, j'ai 11 ans et demi. Je ne l'ai pas vu venir. Cela fait une nouvelle différence en plus de mon surpoids et de ma taille par rapport aux filles de mon âge.

Je fais la connaissance de Nadège qui devient mon amie. Nous sommes assez isolées toutes les deux, de par notre physique et le fait d'être bonnes élèves. Je me rappelle un jour où elle a été bousculée dans les escaliers par des garçons. Je n'ai jamais cessé d'être son amie pendant les quatre années de collège. Ma sœur a 16 ans, elle est en fin de parcours à la maison. Je continue à avoir de bonnes notes au collège. Arrivent la troisième et le brevet des collèges. Je n'ai pas trop de pression car j'ai suffisamment de points grâce au contrôle continu. Nous passons le mois de juillet avec M'man et août avec Dad dans notre maison à Jard-sur-mer en Vendée. Ma sœur y retrouve chaque été les mêmes copains et je vais souvent avec eux. Nous allons à des soirées camping, c'est super sympa. Ma timidité n'aide pas à ce que je fasse d'autres connaissances. Les années passent et mon physique n'aide pas non plus...

Tous mes souvenirs ne sont pas accessibles, ma mémoire me fait défaut parfois. J'essaie de trouver des moyens pour faire revenir les jolis moments.

De bons moments demeurent, tels que les séjours linguistiques. Je suis allée en Angleterre et en Italie pendant mes années collège. L'immersion en famille pour moi a été un vrai challenge étant donné ma timidité. Et l'Italie deviendra plus tard mon pays de cœur. En fin de collège, arrive de nouveau un événement que je n'ai pas vu venir. Je rentre du collège un soir et je vois Dad allongé sur le canapé et mamie inquiète à ses côtés. Il est très agité et désorienté. Jamais personne ne m'avait préparée à ça. Je suis confrontée de pleine fouet à la maladie de mon père, sans ma mère près de moi. Personne ne la nommait devant moi. J'ai l'impression que mon Dad passe en un instant du statut de super-héros à celui d'être vulnérable. Mon papa peut être malade voire pire... Cela me chamboule. Beaucoup plus tard, je tombe sur un papier provenant du sac à main de ma grand-mère où est écrit « maniaco-dépressif ». Ça y est le diagnostic est tombé, en tout cas pour moi. Je ne connais rien du monde de la psychiatrie. Je ne sais plus s'il est hospitalisé le soir même ou le lendemain. Ma sœur et moi devons beaucoup à notre grand-mère qui a été présente au quotidien après le divorce de mes parents. Je me souviens d'une autre crise marquante au niveau de ses paroles. Pour me protéger, je me dis que ce n'est pas mon papa qui parle mais la maladie. Et ça fonctionne bien. Je me rappelle qu'il parle très fort et énormément (plus tard, j'apprends qu'il s'agit d'une logorrhée). Ma sœur et ma mamie me disent de m'enfermer dans la salle de bain. C'est très choquant. Je ne ressens pas le besoin de me protéger de lui. Je me regarde dans le miroir, les larmes coulent abondamment sur mes joues. Qu'avons-nous fait pour mériter ça ? Je me dis que mon rôle est d'aller lui parler pour essayer de le raisonner. Donc je sors de la pièce, je vais le chercher et l'emmène dans la salle de bain pour lui parler. Je l'assois sur une chaise et le regarde droit dans les yeux. J'essaie de lui parler et je l'écoute à la fois. Il me parle d'avortement de son fils, c'est la première fois que j'en entends parler. Il est très affecté par ça, lui qui voulait tellement un garçon. Plus tard, j'aurai l'explication de ma maman. Entre-temps, ma grand-mère a appelé le médecin de famille, il vient d'arriver. Il s'entretient avec Dad et prend vite la décision de l'hospitaliser une nouvelle fois. Quand il part, c'est souvent pour faire une cure de sommeil pendant trois semaines car il ne dort plus. Je n'aime pas le voir partir seul là-bas… Ça me rend très triste. Mais c'est la seule solution dans ces cas-là malheureusement. Ce sont des moments où nous ne sommes pas maître de notre destin, de nos choix, ça fait peur. À ce moment-là, je ne sais pas encore que je vais être également confrontée à la psychiatrie. Être coupée de Dad pendant trois semaines sans visite n'est pas chose facile. Le temps passe et me voilà au lycée. Une nuit, alors que je suis seule avec Dad, j'entends du bruit dans sa chambre. Il vient à ma porte, j'ouvre et je le trouve en très grande souffrance. J'ai peur du pire… Il m'explique qu'il n'arrive pas à faire le numéro de l'hôpital et qu'il a besoin de parler à un soignant. Je compose le numéro et il arrive donc à les joindre. Je n'assiste pas à la conversation mais je constate qu'il est plus détendu après avoir raccroché. La parole est très importante dans ces moments-là et je remercie la personne qui l'a soulagé cette nuit-là. Une autre fois, notre grand-mère est restée dormir avec nous car Dad ne dormait pas depuis plusieurs nuits, donc c'était mauvais signe… Je dors donc dans le lit de ma sœur avec elle. En pleine nuit, un fracas nous réveille. C'est un bruit de bris de verre provenant de la cuisine. Je sens alors mon cœur battre très vite à cause du réveil soudain mais aussi ne sachant pas dans quel état est Dad. Je n'ose pas bouger du lit et me cache instinctivement sous la couverture. Une fois de plus, une hospitalisation se prépare à l'horizon.

Un chouette événement m'attend dans ma classe de seconde. Je fais la connaissance de plusieurs filles avec qui ça matche tout de suite. Un groupe de six copines se forme sous le nom des « Macs ». Je ne me rappelle plus d'où vient le nom, oups…. Pardon les filles ! Un dilemme s'installe pendant mes années lycée pour les sorties du samedi soir : rester avec ma sœur ou sortir avec mes copines ? Quand on ne se voit pas la semaine, ma sœur aime bien que je sois là le samedi soir. Il m'arrive d'inventer des excuses pour ne pas aller avec mes copines mais c'est toujours délicat pour moi. J'essaie de faire plaisir à tout le monde. Côté cœur, je n'ai pas de succès. Je me trouve trop grosse et pas très jolie, avec une confiance en moi très basse. J'ai un côté fleur bleue, j'attends le prince charmant à qui je réserverai mon premier baiser. Je me sens plus à l'aise au lycée qu'au collège. Les tempéraments sont plus mûrs et j'ai mes copines au quotidien. J'ai la chance d'avoir été acceptée en classe européenne, c'est une première pour le lycée. Nous essuyons donc les plâtres. Les langues me plaisent toujours autant. Nous avons plus d'anglais et une matière en plus, la DNL (Discipline Non Linguistique) soit en maths ou en histoire-géo. Le professeur n'étant pas un enseignant en anglais, il nous arrive de rigoler gentiment de son accent ou du vocabulaire employé. Je profite aussi de séjours à l'étranger et d'un échange avec un correspondant anglais. J'adore découvrir de nouvelles cultures, de nouvelles personnes. Je trouve ça très enrichissant. Je reste encore une bonne élève. Pour l'orientation, j'ai le choix entre les trois filières : littéraire, scientifique ou économique et social. Je choisis L car les langues y sont plus présentes. Je fais du latin par goût et pour obtenir des points en plus au bac. J'ai la chance également que mes parents me proposent d'aller en Angleterre un été. Cela m'aide à renforcer mes compétences sur la langue. C'est une expérience très enrichissante humainement parlant et pour combattre ma timidité. Les années passent, et me voici en terminale L. Les crises de Dad arrivent de temps en temps, cela devient comme habituel. Je me rappelle la semaine où j'ai passé le bac, ma grand-mère a dû aller en clinique de repos, tellement elle est usée. Et Dad y était lui aussi. Malgré ce contexte, j'ai réussi à avoir mon bac avec mention assez bien. J'enchaîne sur mon permis de conduire que j'ai du premier coup. Je l'annonce à mon Dad dans l'hôpital psychiatrique où il est de nouveau. Ce moment est gravé dans ma mémoire. Difficile de lui transmettre cette joie, il est shooté par les médicaments mais ça me tient à cœur de le lui dire en premier. J'ai facilement choisi mon orientation post bac. Je souhaite travailler les langues dans un contexte international. J'ai pris le goût des voyages. Je suis acceptée à l'UCO (l'Université Catholique de l'Ouest) à Angers dans la section IPLV (Institut de Perfectionnement en Langues Vivantes). Je travaille à la fois les langues et aussi le commerce international. C'est une formation très complète avec de nombreux cours et beaucoup de travail personnel. Et je découvre la vie d'étudiante dans mon studio près de la gare. Tout en étant raisonnable, je découvre les soirées étudiantes le jeudi soir. J'y vais à chaque fois avec si peu de confiance en moi, donc toujours pas de rencontres… Je continue à avoir plutôt de bonnes notes. Je passe deux saisons à travailler pour mettre de l'argent de côté et pour financer un voyage à Malte avec ma copine Marielle. Pour être honnête, nous cherchons une destination sympa pour perfectionner notre anglais. Nous n'avons pas hésité longtemps entre la grisaille anglaise et le soleil maltais. Donc me voilà embauchée dans le Super U de Jard-sur-mer au rayon traiteur : une grande première pour moi ! C'est un vrai challenge une fois de plus pour ma timidité. J'ai toujours l'habitude de me lancer des défis, c'est comme cela que j'avance. Etant donné que c'est une zone touristique, il y a beaucoup de monde à servir. C'est une très bonne première expérience dans le monde du travail et l'équipe est très sympa. Pendant deux mois, je loge dans la maison de Jard. J'ai de la chance, je n'ai pas de frais. Quelle satisfaction de pouvoir voyager grâce à mon travail ! Cette escapade à Malte a en effet une autre saveur. Je me sens plus adulte et plus responsable. Nous passons une excellente semaine et ne regrettons pas notre choix de destination, Malte est une jolie île. Les moments de joie et de calme sont parfois entrecoupés de tracas. Quand Dad est hospitalisé, nous n'avons pas souvent la possibilité de lui rendre visite. Ça fait tellement mal au cœur d'y aller et de rester devant cette porte close et verrouillée. La psychiatrie pour moi est synonyme d'enfermement. Laissez-moi voir mon Dad ! Il a besoin de moi. Comment puis-je l'aider de l'extérieur ? Je me sens tellement impuissante, j'ai une boule au ventre en permanence quand il est là-bas. Je comprends aussi que c'est pour le protéger lui mais l'entourage aussi. Je me rappelle une visite où il est dans un tel état de démence avec des contentions que ça vous marque à vie. Le voir avec autant de souffrance est très difficile.

Me voilà en deuxième année de DEUG, on nous propose, pour la licence, de passer le premier semestre à l'étranger. C'est à la fois excitant et effrayant. Je ne suis jamais partie aussi longtemps à l'étranger. Plusieurs destinations sont possibles en Europe ou plus loin. On doit faire notre choix et après, notre candidature est validée ou pas. J'ai de la chance, j'ai choisi Cambridge en Angleterre et c'est validé ! Et j'ai la joie de partir avec une fille de ma promotion avec qui je m'entends bien. Je pars donc du mois de septembre au mois de janvier. Nous sommes en 2001. Ça me fait penser à la chanson de Pierre Bachelet « En l'an 2001 » que Dad me faisait écouter quand j'étais petite. Le temps passe vite, nous sommes déjà à l'année de mes 20 ans. Il ne faut pas tarder à chercher un logement et organiser le trajet. J'ai trouvé un logement dans un YMCA, comme dans la chanson ! Et c'est décidé, je pars en avion le 15 septembre 2001... Eh oui, juste après le 11 septembre... Ce n'était pas prévu bien sûr... L'avion est quasi vide suite à l'attentat terroriste, les gens sont terrorisés. Nous partons toutes les deux et tout se passe bien. Nous découvrons Cambridge, la ville qui deviendra si familière. C'est toujours marrant de voir la différence de perception entre l'arrivée et le départ. J'habite au cinquième étage du YMCA et Florence, ma copine, occupe une chambre chez l'habitant. Je partage la salle de bain et la cuisine avec mes colocataires. C'est très cosmopolite, il y a différentes nationalités. Au fil du temps, je me lie d'amitié avec une étudiante danoise, Trine. Au quatrième étage, il y a davantage de Français dont deux étudiantes de ma promo qui deviennent amies avec un étudiant du Mans. Je ne le sais pas encore mais il deviendra mon mari et le père de mes enfants. Il a fallu que je traverse la Manche pour que je commence à ouvrir mon cœur. J'ai l'opportunité de rencontrer une professeure fantastique, Jo. Elle enseigne la littérature anglaise et est spécialiste de Shakespeare. Une vraie belle personne ! J'ai la chance, pendant ce séjour, de faire un voyage organisé en Ecosse dédié aux étudiants. Les paysages sont magnifiques et l'ambiance très sympa. Je rentre à la maison pour Noël et je sais que je reviens en janvier pour rentrer définitivement. Le retour en France est un mélange de sentiments : la joie de revoir ma famille et mes amis mais aussi la tristesse de quitter Cambridge et les étudiants. Pour moi, il y a un avant et un après Erasmus. J'ai tellement appris sur moi, le pays, la langue, les étudiants. C'est suite à cette expérience que j'ai écrit le poème « Aventure ». Tout au long du séjour, nous avons échangé des lettres avec Dad où je me livre à lui. La distance nous rend encore plus proches. Cela m'a appris à me débrouiller sans mes parents, j'ai mûri. Je ne remercierai jamais assez mes parents de m'avoir permis de vivre cette expérience incroyable. L'immersion est la meilleure méthode pour améliorer la langue, surtout à l'oral. Septembre 2001 a fait basculer le monde dans l'horreur du terrorisme, moi il m'a fait basculer dans le monde des adultes.

En première année, j'ai dû ajouter une troisième langue, j'ai choisi l'italien. C'est une langue que je trouve très jolie et j'adore l'Italie. 2002 me réserve une autre belle surprise. Chaque année un étudiant part faire un stage de deux mois à l'Office de Tourisme de Venise pendant l'été. Après avoir eu l'accord de mes parents quant aux frais élevés de ce séjour, je postule. Après avoir patienté, j'ai le feu vert de l'université qui me met en relation avec le fameux Cesare, le directeur de l'Office du Tourisme de Venise. J'ai l'impression de rêver. Nous commençons à échanger, il parle très bien plusieurs langues dont le français, ouf ! J'ai la chance de pouvoir louer un appartement à Venise même. Cette fois-ci, je pars seule et dans un pays où je maîtrise moins la langue que l'anglais. C'est un nouveau défi pour moi et surtout une superbe chance qui s'offre à moi. Je survole les Alpes, barrière naturelle, qui sépare mon pays d'origine de mon pays de cœur. Atterrir à Venise est magique car le taxi qui vous attend est un bateau. J'arrive tard le soir et je vois la Cité des Doges se dessiner à l'horizon, les cheveux dans le vent. J'ai l'impression d'être une star de cinéma qui arrive à Cannes. Je découvre le logement et c'est splendide d'habiter dans Venise même. Merci Dad et M'man ! ! ! Je me suis toujours dit que je ferais le maximum pour offrir de si beaux moments à mes enfants. L'appartement est grand, je sais déjà que je vais recevoir mes copines pour un voyage inoubliable. J'organiserai aussi quelques jours en amoureux qui resteront gravés dans ma mémoire. J'avoue, mon premier jour me fait stresser. Comme à mon habitude, je pars tôt pour être en avance et éviter les imprévus. Je me trouve devant une énorme porte d'un palais vénitien. Il y a à la fois une entrée côté rue et une autre côté canal pour y accéder en bateau. Je ne sais où donner de l'œil. J'arrive enfin au bureau de Cesare. Je le salue. Il a une voix tellement chantante et un visage si souriant. Il m'explique que je vais travailler dans son bureau pour répondre aux demandes par e-mail et par courrier. Manipuler toutes ces brochures sur Venise est magique. Et une journée par semaine, j'irai au bureau place Saint-Marc pour être au contact des touristes (beaucoup de Français d'ailleurs). La question que j'ai le plus entendue : « où sont les toilettes ? » J'ai habité au total trois appartements différents dans des quartiers divers donc très enrichissant culturellement. Tous ces souvenirs de voyage sont des « chaudoudous » pour moi. Ils sont synonymes de joie et d'enthousiasme. Pour finir mon stage, Cesare m'offre une très belle opportunité. La foire de la Rochelle a choisi de mettre à l'honneur la ville de Venise. Il me propose de rentrer en France un peu plus tôt et de nous retrouver là-bas. Avant de partir, j'assiste à un moment très rare. La sortie des eaux d'une gondole pour la placer dans un camion à destination de La Rochelle. C'est un moment très émouvant et très délicat. Ma mission est d'encadrer un groupe de restaurateurs vénitiens qui recréent un restaurant et une boutique. Je m'occupe également de la caisse. Me voilà de retour en France mais la magie continue. Je vais à La Rochelle et rencontre mes collègues le temps de la foire. J'en profite pour organiser la rencontre de Cesare avec mes proches. Cela me tient à cœur. Il fait partie de ma famille désormais pour toujours. Je pense pratiquer plus l'italien à la foire avec mon groupe que deux mois à Venise avec beaucoup de touristes français. Un autre moment important dans ce lieu, c'est la rencontre de mon Dad avec mon amoureux. Il lui dit avec beaucoup de tendresse : « je te confie ma perle, prends-en bien soin. »

2001 Cambridge…

2002 Venise…

2003 …

Afin de valider mon diplôme quadrilingue, il me faut une expérience dans chaque pays. Donc il me manque l'Espagne. Toujours dans cette optique de challenge, je décide de tenter l'aventure outre-Atlantique. Je postule pour un stage à Guadalajara au Mexique toujours avec le soutien de mes parents. La mission consiste à travailler dans le service dédouanement d'une entreprise. Je suis choisie et je m'envole donc pour six mois au soleil du Mexique. Le stress est à la hauteur du nombre de kilomètres qui me séparent de mes proches. Je sais que je ne pourrai pas revenir si besoin et eux venir me retrouver. Le siège de l'entreprise se situe dans le centre-ville tout comme mon logement. J'ai tout fait pour être à proximité afin d'éviter de trop longs trajets. Communiquer en espagnol est très difficile pour moi. Assez rapidement, mes collègues me disent que je vais aller travailler dans la zone aéroportuaire. C'est loin de mon logement et la zone n'a pas très bonne réputation. Quand je me promène dans les rues de Guadalajara, je ressens comme une gêne. Je me sens tellement différente des habitants, moi blonde aux yeux bleus... Ce malaise m'empêche de dormir, de manger. Je pleure, je ne me reconnais pas. J'ai très peur, que m'arrive-t-il ? Avec du recul, je me dis que ça doit être ça le fameux choc culturel. C'est la première fois que je ressens ça. Aller travailler dans cette zone me terrifie. J'appelle mes parents en pleurs. Ils ne comprennent pas pourquoi je suis comme ça. Assez rapidement, je prends la décision de rentrer en France pour me laisser le temps de trouver un autre stage. Heureusement, mon billet d'avion est modifiable. Je viens de vivre le premier échec de ma vie scolaire. J'essaie de rebondir assez vite et retrouve un stage en gestion de commandes chez Bull à Angers. Cet échec m'empêche d'obtenir le diplôme quadrilingue, je valide le trilingue.

Mon cursus bac + 4 terminé, une question se pose : continuer mes études ou aller sur le marché du travail ? Fortement poussée par mon Dad, je décide de m'orienter vers un DESS (ancien Master 2) dans le secteur de l'export, au Mans.

Témoignage de Marielle, une amie très fidèle :

« Je n'ai pas souvenir du moment précis où j'ai vu Cathy pour la première fois, c'était lors de notre entrée au lycée. Je me suis retrouvée par hasard à côté de Cathy pour un cours d'option, et ça je m'en souviens comme si c'était hier. J'avais toujours une petite appréhension à passer tout un cours à côté d'une personne que je ne connaissais pas. Cette fois-ci c'était différent, c'était comme une évidence, comme si on se connaissait déjà, ou comme si on se reconnaissait ! J'ai tout de suite senti chez Cathy une sensibilité et une gentillesse innées. Tout était simple...

Petit à petit des groupes se sont formés et Cathy a toujours fait partie du mien. C'était une adolescente sympathique, discrète, amicale et travailleuse. On aimait rire et raconter des bêtises comme toutes les adolescentes. Il y avait cependant un petit quelque chose d'insaisissable chez elle. Je pense que l'on n'était pas assez mûres, ou trop dans l'amusement pour se dire des choses profondes, ou confier nos difficultés face à la vie. On était dans la légèreté et c'est peut-être ce dont elle avait besoin. Aujourd'hui, la connaissant mieux, elle et sa vie, je regrette de ne pas avoir plus cherché à échanger sur certaines choses.

Le lycée terminé, nous nous sommes retrouvées toutes les deux à Angers en études supérieures. Une nouvelle vie commençait. Cathy avait toujours été sérieuse dans son travail et dans ses études et cela ne changeait pas. Elle était douée, travailleuse et je savais qu'elle irait où elle voulait !

J'avais appris au fil du temps à connaître sa famille, son papa, sa maman, sa sœur. Nous avons toujours été très bien accueillies chez eux. Le souvenir qui m'a le plus marquée est le regard de son papa quand je venais la chercher le dimanche soir pour partir à Angers. Il y avait dans ses yeux et dans son sourire tout l'amour qu'il portait à sa fille et toute la reconnaissance qu'il me donnait à être son amie. J'ai même

eu le droit de sa part à de jolis poèmes ! C'était beau sa façon de regarder sa fille.
Dans notre groupe d'amies on savait que le papa de Cathy avait des soucis de santé, mais nous ne savions pas précisément lesquels. Si Cathy n'en parlait pas, c'était son choix, nous voulions la laisser libre de nous dire ce qu'elle souhaitait. Elle ne m'avait pas non plus parlé du divorce de ses parents. Ils avaient chacun leur maison, c'était un fait, mais nous n'osions pas trop aborder ces sujets... Elle était très discrète sur sa vie et nous respections cela, peut-être trop comme je l'ai déjà dit. »

Aventure

Partir à l'aventure ? Est-ce fuir ce chemin obscur
Qui rend notre quotidien aussi dur ?
Ou est-ce un bon moyen de dépasser nos limites
En oubliant un moment nos rites ?

L'aventure, immense, intense,
Nous met en état de transe.
Elle nous entraîne dans des tourbillons
Où se mêlent nombre d'émotions.

Tantôt palpitante, tantôt décevante,
L'aventure rend toujours notre vie plus éclatante.
Elle transforme notre quotidien si banal
En un univers proche de notre idéal.

Au retour de cette aventure,
Notre foyer est une valeur sûre.
Après beaucoup de kilomètres,
Qu'il est bon de retrouver la terre de nos ancêtres !

Cathy

CHAPITRE 8
ENFANCE

Sur un air de Zaho de Sagazan
« La symphonie des éclairs »

Je dois dire que les souvenirs me manquent sur cette période de ma vie. Je ne sais pas si c'est dû à des souvenirs trop douloureux. Malheureusement, des moments heureux sont partis également et cela me manque beaucoup surtout quand mes enfants me posent des questions sur ces moments-là. J'ai l'impression d'avoir des « trous » dans ma vie. Ce serait tellement bien si le fait de regarder de vieilles photos me redonnait la mémoire. Les témoignages de mes proches sont d'une grande aide et je les remercie.

Surtout un souvenir qui revient souvent quand nous sommes en famille : quand j'étais toute petite, j'ai malencontreusement enfermé ma maman dans un placard à balais. Le pire c'est qu'il n'y avait pas de poignée à l'intérieur. Maman tapait et tapait avec un manche à balai avec la force du désespoir car elle m'entendait pleurer. À force de courage, elle a réussi à transpercer la porte assez haut pour ne pas me heurter. Une fois de plus, on peut voir la force d'une maman ! Je suis la deuxième fille. Mon papa et surtout mes grands-parents désirent un garçon. Le prénom Adrien se transmet de père en fils. Par conséquent, la lignée est rompue. Je ne sais pas si mon côté garçon manqué vient de là ou pas. Quand je regarde les photos, la ressemblance à un petit garçon est flagrante. Je me rappelle avoir systématiquement les affaires en bleu et ma grande sœur en rose. Je suis aussi le petit clown de la famille, très délurée chez moi mais tellement effacée à l'extérieur ou avec des gens que je connais moins. C'est mon côté double face et caméléon qui va durer longtemps chez moi. J'ai le sourire toujours aux lèvres et le rire communicatif. J'ai envie que mon entourage se sente bien. Je ressens encore un avis qui est plus négatif sur moi : ma grand-mère paternelle. Elle me dévalorise par rapport à ma sœur, je suis grosse, moins intelligente... Le regard de mes parents contrebalance le sien jusqu'à leur séparation et depuis la disparition de mon papa, cela me manque terriblement. Quand je pense à ma mamie, je pense entreprise, je pense finances et non câlins et gâteaux. Mes grands-parents, après avoir travaillé avec des cars, ont eu une entreprise de transport routier fleurissante. Je me rappelle m'amuser sur les quais de chargement et dans les bureaux. On s'appelle d'un poste à l'autre avec ma sœur. Pour moi, c'est comme une personne qui prend beaucoup de place dans la famille. J'ai envie de l'écrire avec un E majuscule : l'Entreprise. Ma maman y travaille aussi comme d'autres personnes de la famille. Nous habitons la même rue que la société. Etant petite, je ne me rends pas compte de son impact sur notre vie de famille. Grâce à mes grands-parents, la famille a une certaine aisance financière. Nous n'avons jamais manqué de rien.

Le fil rouge de mon enfance est mon surpoids. Et au regard des photos, cela démarre depuis mon plus jeune âge. J'ai toujours eu une silhouette différente de mes copines. Et je suis également parmi les plus grandes en primaire, plus que les garçons. Ma puberté commence très jeune et mes règles également. Je me rappelle ce moment où je me demande ce qu'il se passe : je suis en sixième en cours d'anglais. Un moment pendant mon primaire m'a beaucoup marquée. Mes parents prennent la décision de me retirer de la cantine pour que je mange à la maison pour mon régime. La maîtresse croit bon d'expliquer à toute la classe pourquoi je n'irai plus à la cantine. J'ai envie de me glisser dans un trou de souris. Je trouve ça très stigmatisant. Un jour, je dois faire la visite médicale pour le basket. Et quand j'en ressors, j'ouvre mon carnet de santé et je découvre un gros OBESE en commentaires. J'en ai froid dans le dos. C'est la première fois qu'on me qualifie de la sorte. Je me trouve encore plus grosse que d'habitude. Et pourtant, je ne mange pas comme les autres et beaucoup moins que ma sœur qui a une taille mannequin. La nature est ainsi faite, nous ne sommes pas tous égaux. J'apprendrai plus tard qu'il y a des raisons à une grosse prise de poids : se protéger du regard des autres, prendre plus de place, etc. Cette anatomie est une des raisons pour lesquelles je mets ma grande sœur sur un piédestal. Elle est mince, jolie, a du caractère et est intelligente (elle a des facilités). Un jour, lors d'un match de basket, j'ai entendu quelqu'un me dire que l'on ne dirait pas que c'était ma sœur… J'ai tout de suite compris le sous-entendu. Ça m'a fait mal. Ce sentiment d'infériorité me colle à la peau. Je n'y peux rien. Les réflexions et les regards de ma grand-mère nourrissent cela ainsi que les surnoms qu'on me donne : ma crotte, Cass, cochon, les petits… Il faut absolument que je fasse du sport.

Katiana, ma copine depuis la maternelle, est venue un jour me trouver pendant un forum des sports et me dire qu'elle fera du basket. Tout de suite, je dis à mes parents que je veux faire pareil. Cela dure huit ans. Je suis fière de ça même si je n'ai pas un super niveau. L'important est de participer ! J'ai de bons souvenirs que ce soit à domicile ou à l'extérieur. J'ai une anecdote amusante : Dad est en charge du chronomètre. On ne se rend pas compte mais il oublie de notifier le quart-temps, on joue donc une mi-temps entière ce qui est beaucoup pour notre jeune âge. En dédommagement, il propose à l'équipe adversaire de leur rajouter des points... alors qu'on est déjà dans les choux. Je trouve ce moment très marrant. Le moment difficile pour moi est le vestiaire, j'ai tellement honte de mon corps que je ne peux pas prendre la douche avec mon équipe, je le fais à la maison.

J'ai de bons souvenirs en vacances, pendant la kermesse de l'école. Par rapport à l'état de santé de Dad, je n'ai pas de souvenirs de moments difficiles. Quand je suis petite, je ne sais pas qu'il est malade. Mais nous sommes avec ma sœur des enfants thérapeutes, nous prenons soin de lui tout naturellement. À l'âge de 6 ans, je me casse la jambe bêtement. Je dois imiter un garçon qui ne sait pas danser donc je fais exprès de m'emmêler les pinceaux, je le fais tellement bien que je retombe lourdement sur mon tibia : double fracture, je dois être opérée. Un souvenir plein de rire et de gaieté me revient à la mémoire : les interventions de « Plouplou » à la maison. C'est un copain d'enfance de Dad qui répare l'électroménager. J'entends encore le son du cor qu'il imite en arrivant. Il rend plus légères certaines soirées.

L'année de mes 12 ans, un événement vient bouleverser ma vie. C'est rare à l'époque : mes parents divorcent. Comme si je n'en avais pas assez, voici une nouvelle différence. Mais je ne m'en rends pas compte au début. La prise de conscience se fait sur le volet administratif quand il faut écrire la situation des parents. Je me rappelle encore ce que j'ai ressenti quand nos parents nous ont annoncé la nouvelle. Le soir de l'annonce, un sourire est figé sur mes lèvres et je sens la terre s'ouvrir sous mes pieds. Ma sœur me dit assez sèchement qu'il n'y a pas lieu de sourire. Je ne le fais pas exprès, il est automatique, c'est mon masque. Je mets du temps à m'endormir, je suis en pleurs. Le lendemain matin au réveil, j'ai l'impression que tout ça n'est qu'un mauvais cauchemar. C'est la double peine quand je me rends compte que c'est la réalité. Je me rappelle la discussion de la veille. Étant adolescentes, nous avons le choix du mode de garde. Nous répondons assez rapidement chez papa. Donc c'est décidé, la semaine chez papa et le week-end chez maman. Nous avons sûrement trouvé papa plus fragile, d'où notre choix. Et maman a fait le choix de vivre avec un autre homme. Maman nous demande si nous avons besoin d'une aide psychologique, nous répondons non. À partir de ce moment, papa devient Dad et maman M'man. Je ne connais qu'une fille dont ses parents sont divorcés, elle était dans mon école. En 1993, ce n'est pas fréquent. Et assez rapidement, je souhaite de mauvaises choses à son nouvel amoureux. Et je n'arrive pas à prononcer son prénom, j'ai un profond blocage. Je n'en suis pas fière aujourd'hui mais la petite fille souffre en silence.

Là, se termine mon enfance.

Témoignage de Katiana, ma première amie :

« Quelle petite fille tu étais ?
Je dirais que tu étais discrète, timide et réservée.
Comment est-on devenu amies ?
On a fait connaissance à l'école Bel Air, en maternelle et puis en élémentaire.
Je pense qu'on était réservées toutes les deux, on s'est attirées comme des aimants.
On était aussi une très bonne équipe de copains/copines à l'école, on s'amusait beaucoup tous ensemble... C'était cool !

Quels sont les meilleurs souvenirs avec toi ?
Je vais en retenir trois (les plus importants certainement pour moi) :
– Quand tu nous as invités la première fois chez toi pour ton anniversaire... C'était tout simplement génial, on s'est éclatés, avec le super méga cache-cache dans le jardin et c'est un super souvenir que je n'oublierai jamais !
– Quand mes parents t'ont proposé de venir en vacances avec nous, c'était top ! Tu as même appris à faire du vélo. Il me semble que tu avais dormi sous la tente avec moi, il faudrait que je me replonge dans les photos... Super souvenir également !
– Le basket : on a fait partie de la même équipe : génial ! Sauf quand on perdait et que mon père râlait après nous sur la touche... MDR. On n'était pas très bonnes mais on s'éclatait en dehors de l'école.

Avais-je connaissance de la maladie de ton papa ?
Oui et non, à vrai dire quand on s'est connues, je ne me souviens plus (c'est trop loin) mais en vieillissant, au collège, quand on faisait les trajets en commun, je me suis rendu compte de différentes choses mais je ne pense pas t'avoir questionnée à ce sujet. Pas envie de t'embêter... Je pense que

ce que tu vivais au quotidien chez toi était déjà peut-être suffisant. Et puis d'ailleurs, tu ne m'en as jamais parlé...

Comment notre relation a évolué en grandissant ?
Le collège a été difficile pour moi (surtout à Jeanne d'Arc), j'ai voulu te suivre mais j'ai vite compris que je n'étais pas à la hauteur... tu étais si brillante ! Et moi si nulle... lol !
Mes notes ne suivaient pas comme toi, d'ailleurs quand tu les évoquais dans la voiture, je n'osais pas dire les miennes...
Et puis le changement de collège pour moi, on ne se voyait plus qu'au basket.
Le décalage est amorcé, tu es rentré au lycée et moi je reste au collège.
La fin du sport ensemble a sonné, du fait de mon départ sur Angers pour mes études professionnelles.
À la suite de tout ça, notre relation s'est espacée de plus en plus... chacune de son côté avec ses études (pour toi) et sa vie professionnelle pour moi...
Et puis, on s'est retrouvées pour nos mariages respectifs... Le redémarrage de notre amitié de toujours ! ! !
Chacune sa vie de famille et ses différentes occupations professionnelles et personnelle nous laissent nous revoir de temps en temps. Merci de faire continuer cette grande amitié...

Merci de m'avoir permis de témoigner ! »

Témoignage du Dr Jean Lelong, notre médecin de famille :
« Est-ce que la bipolarité est héréditaire ?
On ne peut pas parler d'une réelle hérédité. Il s'agit plutôt d'une sorte de faiblesse qui peut s'exprimer en fonction des événements de la vie. Tu ne dois pas avoir peur pour tes enfants. Et tu n'as pas du tout la même expression de la maladie que ton papa. Ses crises étaient beaucoup plus violentes. Et l'influence de ta grand-mère n'a pas aidé. Elle vous a maintenues dans un tabou, une chape de plomb alors qu'il est préférable de libérer la parole.
Tu as longtemps eu un rôle d'aidant, il faut désormais penser d'abord à toi, s'imposer et être égoïste.
On m'a déjà parlé d'invalidité, est-ce le cas pour moi ?
Non, pas du tout. Il faut juste trouver une activité avec un rythme adapté pour reprendre confiance, comme un mi-temps par exemple pour redémarrer. Il est préférable d'éviter les métiers dans l'aide afin de te protéger.

Quels conseils me donneriez-vous pour continuer à aller mieux ?
Il faut de l'activité planifiée afin de perdre du poids et c'est bon pour le mental aussi. Il faut que Gaëtan intervienne quand il voit que tu en fais trop pour éviter de te fragiliser. La méditation est intéressante aussi. Il est toujours intéressant de repérer les événements qui te font basculer. Et tes pertes de mémoire et ta difficulté à trouver un mot sont dues aux médicaments tout comme le surpoids. Je te conseille vivement de demander à ta sœur de témoigner pour le livre, cela t'aidera à retrouver des souvenirs d'enfance et d'adolescence. »

La vie

Comment oublier son passé sans en renier une partie, si petite soit-elle ? L'homme vit dans un monde où le présent est avant tout l'expérience du passé et la perspective de l'avenir.

Nos enfants tout au long de leur vie, sont la parfaite démonstration du passé, du présent et de l'avenir. C'est ainsi qu'un enfant a de vagues souvenirs de son enfance. Quant au présent, il le vit pleinement.

L'enfant peut encore se projeter dans l'avenir en imaginant des situations plus ou moins raisonnables.

Ces trois phases de la vie sont tout à fait identiques pour un adulte, qu'un enfant à la découverte de sa personnalité. C'est ainsi que la généalogie chez l'adulte, éclaire les différents passages qui ont jalonné sa vie.

Adrien

CHAPITRE 9
NAISSANCE ET GESTATION

13/05/1981
Sur un air de Pierre Bachelet
« En l'an 2001 »

Je suis le fruit de l'amour entre deux personnes : ma maman et mon papa. Cela me tient à cœur de leur consacrer quelques mots. Je remercie ma maman de m'avoir confié ses souvenirs.

Ma maman est née à Nantes le 4 août 1952. Elle est issue d'une fratrie de trois enfants : elle a une grande sœur et un petit frère. Malheureusement, son papa décède alors qu'elle n'a qu'une dizaine d'années. Je sais juste qu'il était comptable chez Dunlop. Les années passent et elle se lance dans des études médicales pour être auxiliaire de puériculture au sein d'une école d'infirmières, sa passion.

Mon papa est né à Toutlemonde (un nom comme ça, ça ne s'invente pas) le 14 février 1948 (une date comme ça ne s'invente pas non plus). Après avoir eu une entreprise de cars, ses parents ont une entreprise de transport routier. Ils travaillent beaucoup donc mon papa, fils unique, va en pension assez jeune à Saint-Gabriel (à Saint-Laurent-sur-Sèvre). Sa maman est peu présente quand il est petit mais un peu trop une fois adulte... Tout naturellement, il se dirige vers des études de transport à Poitiers, le plan étant de reprendre la suite de ses parents le moment venu. Je n'ai jamais su s'il voulait embrasser cette carrière par passion ou par obligation. Il vit en même temps une profonde déception amoureuse. Peu de temps après, il sombre dans une dépression.

Ma grand-mère maternelle travaille dans l'agence des Transports Germain à Nantes. C'est fou, à l'aube de mes 43 ans, je viens d'apprendre où mes parents se sont rencontrés, c'est beau ! Mon papa va de temps en temps là-bas et c'est à cet endroit que leurs routes se sont croisées. Ma maman ne se doute sûrement pas qu'elle entre dans une famille où l'Entreprise est reine. On lui fait rapidement savoir que sa carrière médicale n'est pas compatible avec la future carrière de mon papa à la tête de l'entreprise. À contrecœur, elle abandonne ses études et suit une formation de sténo-dactylo pendant un an. Elle s'était toujours dit qu'elle ne voulait pas travailler dans un bureau. Elle y restera quarante ans… Elle commence donc dans l'entreprise à Cholet en bas de l'échelle. Elle va souvent sur les quais aider à charger et décharger. Elle grimpe les échelons jusqu'à atteindre le poste de secrétaire de direction, un vrai rôle de bras droit. Même si sa réussite n'est pas dans le médical, elle est fière de son parcours. Elle est appréciée de tous « chez Germain », elle est l'épaule sur laquelle les salariés peuvent s'épancher. Même à la retraite, chaque année, elle organise avec un petit groupe d'anciens employés, un repas pour reparler des bons moments « chez Germain » (comme ils disent). Mes grands-parents paternels sont respectés et appréciés par leur personnel. Mes parents passent ensemble une attestation de capacité nécessaire pour diriger une société de transport, à Poitiers. En parallèle, on lui dit que les soucis de santé de mon papa sont dus à une dépression. Ma grand-mère parle d'une opération du nez qui aurait mal tourné, mais cela a toujours été démenti par les médecins. Malheureusement, son état de santé se dégrade. Un événement heureux se profile : leur mariage. Nous sommes en 1972. Et ma grand-mère maternelle décède à son tour, laissant ma maman orpheline. Un désir d'enfant se fait vite ressentir mais ma maman doit suivre un traitement pour tomber enceinte. Cinq ans sont nécessaires pour que ma sœur voie le jour. Ma maman travaille beaucoup car mon papa est en invalidité. Elle m'a souvent dit qu'il aurait pu travailler mais ma grand-mère en a décidé autrement. Ses beaux-parents assurent leur confort matériel mais elle n'a pas l'impression d'être chez elle, comme si elle était redevable. Elle parle de « cage dorée ». Et il ne faut pas parler de la maladie de mon papa, comme une chape de plomb qui pèse sur la famille. Et voilà que presque quatre ans après, je pointe le bout de mon nez sans traitement particulier. Elle fait tout ce qu'elle peut pour soutenir mon papa. On lui demande même de l'accompagner deux semaines dans un hôpital psychiatrique, elle tient une semaine… c'est déjà énorme ! En écrivant tout cela, je suis encore plus fière de mes parents.

Ma conception et ma naissance se passent dans l'amour et aux aléas de l'état de santé de Dad. Cela rajoute du stress à ma maman. Est-elle inquiète pour le présent et/ou le futur ? L'amour est plus fort que la maladie : une petite graine germe dans son ventre. Elle est composée d'amour, de gentillesse, d'empathie et d'hypersensibilité : un mélange de mes deux parents.

« Les hypersensibles ne réagissent pas tous aux mêmes stimuli. Toutefois, leur trait de caractère commun est l'empathie. Ces personnes ont une grande conscience des émotions et des besoins des autres. » (*source : Mcommemutuelle.com*) À cette époque, on n'en parle pas du tout. Me voilà « équipée » d'une habilité à me connecter à l'autre. C'est fascinant et effrayant à la fois. Comment la petite Cathy va-t-elle apprendre à vivre avec ce beau cadeau si difficile à apprivoiser ? Ma grande sœur vit quatre ans seule avec ses parents. Que se passe-t-il dans la tête de l'aîné d'une fratrie quand l'heure de partager ses parents arrive ? Des questions me viennent en tête dans ce chapitre sur la naissance et la gestation. Il est déjà compliqué de ne pas savoir où l'on va alors si on peut savoir d'où l'on vient c'est super. Pas encore née, la petite Cathy peut déjà compter sur ses proches comme elle pourra le faire tout au long de sa vie. J'ai commencé ma vie sur un compromis. Eh oui, mes parents ne sont pas d'accord sur mon prénom. Mon papa veut Catherine et ma maman Fanny puis Stéphanie. Je suis fière de dire que personne n'a cédé et qu'un accord a été trouvé. Je suis donc née sous le signe du dialogue et de la conciliation.

Je veux les remercier tous les deux pour tout ce qu'ils ont fait pour moi. À travers mes expériences, j'ai développé un côté spirituel qui me rapproche encore plus de Dad. Maman et moi avançons, en parallèle, avec pudeur, en travaillant chacune de notre côté sur nos blessures. On prend soin l'une de l'autre en mode bluetooth (technologie de connexion sans fil à courte portée, permettant de relier des appareils numériques).

Ce livre est magique… Je viens d'avoir un appel de ma maman : elle est très fière de mes études et de mon parcours. Cela fait tout chaud partout ! Elle ne veut pas que ça froisse ma sœur mais le moment est si bon que j'ai besoin de le relater.

Ce travail sur mon histoire me renforce dans l'idée qu'il est important d'échanger avec les gens qu'on aime et particulièrement avec nos aïeux car malheureusement, quand ils disparaissent, une partie de l'histoire familiale disparaît avec eux.

Témoignage de ma maman :

« Comment s'est passée ta grossesse ?
C'était une heureuse surprise car je n'ai pas eu besoin de traitement hormonal contrairement à la première grossesse. Elle s'est relativement bien passée (trois premiers mois de nausée) et quelques épisodes up et down de ton père.

Et ton accouchement ?
Il a été plus rapide que le premier, la sage-femme m'a fait une piqure pour activer le travail (plus de vingt-quatre heures pour ta sœur et toi une dizaine d'heures).

Y a-t-il eu une déception que je ne sois pas un garçon ?
Moi, pas du tout. J'ai été très contente d'avoir une seconde fille. Ton papy et ta mamie voulaient sûrement un petit gars mais j'avoue que j'ai jubilé un peu de contrarier leurs attentes. Je sentais qu'ils avaient beaucoup d'emprise surtout la mamie.
Je suis très heureuse d'avoir deux filles. »

Témoignage de Véronique, ma sœur :

« Quelle petite fille j'étais ?
Tu étais une petite fille rigolote, souriante mais aussi discrète et effacée. Il t'arrivait de t'énerver comme le jour où tu m'as mordue jusqu'au sang. Tu avais des spasmes quand tu étais contente. Et quand tu aimais ce que tu mangeais, tu faisais du bruit avec la bouche. Tu étais peu délicate avec les affaires, comme le jour où tu as cassé mon Dr Maboul. Je me rappelle le jour où à l'école on m'avait demandé si j'avais une petite culotte pour ma petite sœur.

As-tu des bons et mauvais souvenirs ?
Je me rappelle que tu aimais te déguiser et aussi avec ta jambe cassée. Je me rappelle de souvenirs de vacances au chalet par exemple. Les crises de papa sont des mauvais souvenirs. Je me rappelle que pendant Noël juste après le divorce, il avait mis des chansons de Noël à 4 heures du matin. Je me levais régulièrement pour voir s'il dormait bien. Je pense que j'ai grandi rapidement. Je sentais le besoin de prendre soin des autres.

Comment vis-tu la maladie de Dad et la mienne ?
C'est différent car pour toi je ne suis pas sur place. Je me sens tellement impuissante quand tu ne vas pas bien.

Comment as-tu vécu le divorce de nos parents ?
Je ne sais pas pourquoi mais je m'en doutais. Et je me suis même dit : pourquoi ne l'a-t-elle pas fait plus tôt ? L'écart d'âge explique aussi pourquoi on a vécu ce moment différemment.

Que penses-tu des secrets de famille ?
Cela dépend mais il ne vaut mieux pas. Mais j'ai toujours peur de tout sortir de dessous du tapis.

Comment as-tu vécu la fin de vie de Dad ?
Il était temps que ça s'arrête. Je ne ressens pas de culpabilité à ce sujet. Ce n'était plus possible de le voir comme ça, comme le jour où il était attaché au lit. Ce n'était pas une vie. »

Ma petite sœur

Cathy, souviens-toi de ta jeunesse,
Tu es née comme un perce-neige
Au bord d'un chemin très ensoleillé.
Jamais la nature s'est réveillée
À la fois si enjouée, et si jolie,
Alors, çà et là les oiseaux chantent
Pour saluer le tout petit bébé.

Les heures s'écoulent, les jours aussi,
Notre perce-neige se fait discret,
Puis, il veut grandir tout en s'exprimant.
C'est sous un magnifique arc-en-ciel,
Que Cathy tu penses : vive la vie...

Dad

Être et Avoir un Dad

Être Père, c'est être un repère
Avoir une vie sans un impair
Être vraiment heureux, je l'espère
Avoir sa famille, belle sphère

Être Papa, ça ne s'invente pas
Avoir à vivre avec des tracas
Être toujours là en cas de fracas
Avoir un palpitant gros comme ça

Être Dad, ce n'est pas une passade
Avoir une vie loin d'être fade
Être juste en donnant des brimades
Avoir un cœur qui bat la chamade

Être Adrien, c'est le mien, j'y tiens
Avoir une famille : filles et chien
Être un grand homme qu'on aime bien
Avoir plein de bisous : allez, viens !

Cathy

CHAPITRE 10
AUJOURD'HUI, VERS UNE GUÉRISON ?

2023…
Sur un air d'Amel Bent
« Ma philosophie »

Le bonheur

C'est la joie de l'enfant qui reçoit un jouet.
Le doux regard de celle que tu aimes.
Une musique qui te saisit et te fait frissonner,
Ferme les yeux… ton cœur palpite… c'est le Bonheur !
Un mot gentil, une attention délicate, un sourire
Ca te remue le cœur… C'est le bonheur !
Ne le cherche pas dans des rêves impossibles.
Ne le cherche pas dans des projets fabuleux.
La vie est si belle ! La nature est si riche !
Le bonheur est là, dans la simplicité.
Chacun sur cette terre a le droit de le posséder,
Chacun sur cette terre peut le fabriquer.

Adrien

(Ce texte a été lu par ma sœur et moi lors de la sépulture de notre papa, en février 2011)

Ecrit suite à ma rechute de six semaines (13 mars-20 avril 2023) :

Une fois de plus le ciel s'obscurcit soudainement, sans crier gare. Les messages que j'envoie à Gaëtan se teintent de négativité. Je me dévalorise et les peurs reviennent. Toujours ce questionnement : la maladie frappe-t-elle à nouveau ? J'apprends à chaque épisode dépressif à repérer les signes et à les communiquer au plus vite à mes proches et aux soignants. Je suis une lanceuse d'alerte malheureusement négative... Je pense d'abord à l'impact de la nouvelle sur mes proches avant moi. Je suis déçue de retrouver ce tunnel à la fois si familier et si terrifiant. Combien de temps va-t-il falloir tenir avant de revoir la lumière ? Je ne sais jamais s'il s'agit de la dernière crise ou non. Je me sens vite dépassée, le cerveau reste figé sur le négatif. J'ai des palpitations. J'ai fini un stage de trois jours sur l'écriture du livre. Il s'est bien passé. Mais j'ai passé tout ce temps à raviver des souvenirs négatifs et douloureux. Est-ce trop pour moi à cet instant-là ? Je n'ai pas la réponse. Je reprends un anxiolytique pour essayer de m'apaiser. Ai-je trop de pression avec ma thèse, le livre, mon avenir professionnel... ? J'ai l'impression que tout ce que j'entreprends tombe à l'eau. L'estime de soi est en chute libre. Je pense avoir tout gâché. J'ai toujours peur de ne pas être en capacité de m'occuper de mes enfants. Mon plus grand stress est de ne pas pouvoir jouer mon rôle de maman. Je ne veux plus revivre les hospitalisations, les errances de diagnostic, les terreurs, les cauchemars... Je ne suis pas une bonne personne, je suis une incapable. J'annule tous mes rendez-vous, les repas avec la famille, les amis. Les messages aux personnes qui prennent soin de moi se multiplient. Mon naturopathe m'explique que je perçois les choses à travers un prisme et lorsque je suis moins bien, je peux amplifier les choses ou les déformer.

C'est légitime, d'où la raison pour laquelle il est toujours conseillé de ne pas prendre de décisions majeures quand on n'est pas bien. Je culpabilise aussi car Gaëtan a commencé le recrutement pour trouver un emploi près de la maison. Je ne peux le soutenir comme je le voudrais. Les interactions avec les autres sont difficiles, les larmes montent sans raison apparente. Je ne suis pas un exemple pour mes enfants, je suis assistée et remplie de doutes. Les peurs, les questions, les regrets, les remords... tout se mélange dans ma tête. Comme à mon habitude, je me replie sur moi, j'ai très peu de conversations, je ne cherche pas à connaître l'actualité donc je me sens bête. J'en ai gros sur le cœur, j'ai besoin de plus de sommeil, j'ai la bouche sèche. J'ai du mal à trouver mes mots et j'ai des soucis de mémoire. Quel avenir, comment avoir une stabilité durable ? J'ai peur par rapport à mon énergie, à mes sentiments, à mes doutes envers mes proches. C'est l'horreur à vivre ! Mon naturopathe me dit que mes peurs sont liées à ma vision du moment par rapport à mon état. Et quand je vais bien, je vois les choses avec beaucoup d'enthousiasme et de légèreté. Je m'agrippe à chaque message, à chaque mot comme une bouée de sauvetage. Chaque soir je me dis que demain sera meilleur... et ça n'arrive pas. Je gâche la vie de mon entourage. Ai-je fait de bons choix dans ma vie ? Mon psychiatre fait à nouveau une modification dans mon traitement : arrêt de l'antidépresseur et ajout d'un nouveau thymorégulateur, couplé à l'autre. La transition est difficile, je reste un week-end entier au lit alors que mes beaux-parents sont à la maison. C'est loin d'être un manque de volonté, cet état vous dépasse et vous transforme en loque. Heureusement, mes beaux-parents sont très compréhensifs et soutenants pour Gaëtan. Ma bouche est très sèche malgré l'hydratation, j'ai des pertes de mémoire, des difficultés à trouver mes mots et une sensation de vertiges par la vue et l'ouïe. Je me sens tourmentée par le fait que j'ai sûrement dû gâcher la vie des enfants en divorçant et en étant malade. Je n'arrive pas à positiver sur notre nouvelle famille. J'ai des peurs à deux et à quatre. Mon esprit ne voit que les défauts de mon conjoint et les miens, rien de positif ne passe. Mes sentiments sont bloqués, c'est un enfer à vivre. Je me sens morte à l'intérieur. Je suis en vacances chez ma sœur, une fois de plus je la mets sur un piédestal et moi je ne suis qu'un vilain petit canard. Par moment, une colère, une rage, montent en moi. Mon naturopathe m'a conseillée de crier dans un coussin pour que ça sorte et de taper dedans. Je l'ai fait, ça m'a fait du bien. J'ai un fonctionnement de cocotte-minute, j'accumule à l'intérieur et après il faut que ça sorte. Face à cette nouvelle épreuve, la question des électrochocs se pose. Mon psychiatre ne veut le faire qu'en dernier recours. Il me demande de patienter le temps que le nouveau traitement agisse. J'ai tellement envie de me débarrasser de tout ça, donc je suis prête à tenter des choses un peu extrêmes. Je me sens morte à l'intérieur. Et j'ai vraiment besoin de savoir si je vais retrouver toutes mes émotions, mes sentiments, mes ressentis, mes capacités intuitives et intellectuelles, ma spontanéité, mon dynamisme, l'amour envers les miens et la vie, l'éducation de mes enfants, une vie sociale, une vie professionnelle, l'envie de bouger, les projets, mes valeurs, ma rigueur, ma capacité à faire des choix et les assumer, mes souvenirs, une mémoire efficace. Je me mets à parler de Cathy à la troisième personne. Je ne sais plus où elle est, si c'est toujours moi. Cathy aime-t-elle sa vie ? A-t-elle un cœur de pierre ? Est-elle casanière et paresseuse ? Est-elle responsable ? Sait-elle bien gérer ? J'ai toujours en moi cette peur de retourner en hôpital psychiatrique ou à la clinique. Mon médecin me répète que c'est la maladie qui déforme mes sentiments, mes pensées, mes émotions et mes comportements. Je l'entends mais c'est dur à intégrer. La dépression est comme un filtre qui réduit mes capacités à ressentir, percevoir et agir comme avant. Une fois en meilleure forme, le filtre disparaît. Avant cette rechute, cela faisait quatre mois que j'allais bien. Cela commence toujours par le sentiment d'être vite dépassée par tout, de ressentir de la peur, d'être nulle. Je pense à ce que je ne fais pas et pas à ce que je fais. Cela m'enfonce davantage. L'estime de soi est au plus bas. J'ai un regard très dur envers moi, sans pitié. Mon entourage me répète sans cesse d'être plus douce et indulgente envers moi-même. Mes lunettes noires rendent l'exercice quasi impossible. Une fois de plus, je dis aux enfants que maman est fatiguée, qu'elle doit se reposer. Je ne rentre pas dans plus de détails. Je préfère leur parler plus longuement quand je vais bien afin de présenter les choses plus positivement. Je me sens paumée, tout ce que j'entreprends tombe à l'eau : la thèse professionnelle, le livre, ma vie active… La puissance de l'amour maternel fait que je réussis toujours à faire les trajets domicile-collège-école et leur faire à manger. Cet amour-là est inconditionnel. Il faut y puiser sa force.

Et arrive le jour tant attendu où les prémices d'un renouveau se font ressentir ! Il y a toujours cette question qui se pose : faut-il y croire ? J'ai toujours peur de donner de faux espoirs à ma famille et à mes amis. Mais cette sensation est tellement bonne et douce à ressentir qu'elle doit se voir sur mon visage qui recommence à s'éclairer et dans ma voix plus affirmée. Et comme par enchantement, assez rapidement, cette nouvelle lumière rayonne sur l'entourage. Elle vient apaiser les peurs de chacun et redonne de l'espoir. Les choses qui ont été mises en place en amont de cette amélioration :

– Par mon psychiatre : arrêt de l'antidépresseur, ajout

d'un thymorégulateur donc deux au total, écrire une lettre sur mes choix évalués lors d'une phase stable (ci-dessous)

– Par mon naturopathe : questionnaire évaluant les carences en neurotransmetteurs (sérotonine, GABA, acétylcholine, dopamine), l'analyse des résultats permet la recommandation de compléments alimentaires, vitamines...

– Par mon entourage : information importante concernant mon divorce

« J'ai pris les décisions suivantes en toute conscience sans être en état dépressif ou euphorique :
– Le divorce avec mon ex-mari
– L'achat de la maison avec Gaëtan
– Le changement d'activité de l'entreprise
– Le report de ma thèse
– Les trajets domicile-école ne sont pas un problème
– J'arrive très bien à gérer le quotidien seule avec ou sans les enfants ou Gaëtan
– Je ne dois pas avoir peur au niveau financier, je ne suis pas seule à gérer, Gaëtan est là
– Je ne dois pas douter de l'amour que j'ai pour mes enfants et pour Gaëtan
– Je ne suis pas une mauvaise maman »

Mon naturopathe me dit de prendre le temps de ressourcement nécessaire et d'être indulgente avec moi-même. Je suis encore fatiguée et j'ai un besoin plus important de dormir. Il est toujours difficile pour moi dans ces phases d'y aller doucement. Il faut se rappeler ce que le corps et la tête ont subi, cela demande une longue et lente réparation pour qu'elle soit durable. Voilà où j'en suis aujourd'hui, dans un entre-deux, vers un futur radieux, serein, prospère et durable mais malheureusement toujours incertain. Comment vivre avec cette épée de Damoclès ?

Des vacances d'été s'enchaînent parfois en bonne santé, parfois en « mauvais état ». Nous les passons en famille : soit avec les proches de Gaëtan ou avec les miens. Je me rappelle un moment très fort. J'étais en pleurs, je ne bougeais pas de mon lit et Noé, son neveu (enfin, le nôtre) vient me voir et me fait un énorme câlin en me disant : « Cathy, on t'aime telle que tu es ! ». J'en ai encore des frissons. Quelles maturité et sagesse ! ! !

J'ai découvert l'existence d'une kinésiologue dans le village d'à côté. On discute bien d'abord et elle pointe vite le besoin de gérer mes émotions. Par plusieurs gestes, elle interroge mon corps et cela confirme ses premières impressions. Après réflexion, j'interroge ce que je ressens, et voici ce qu'il en ressort. Le but à atteindre est plus de sérénité :

– Accueil ou acceptation et gestion des émotions (hypersensibilité)
– Analyse de la situation financière
– Travail de Gaëtan plus sûr avec un emploi sur Angers
– Plus d'estime de soi
– Avenir professionnel plus clair
– Projets réfléchis
– Prendre soin de mon corps

C'est comme ma feuille de route pour montrer enfin qui je suis à moi et aux autres. Je ne dois plus tout garder en moi, accepter des risques de conflits, de désaccords. Je ne dois plus avoir peur de l'abandon et de ne pas être aimée. Car cela conduit souvent à de la dépendance affective qui est nocive dans les relations amoureuses. Cela bouge forcément des choses pour l'entourage mais il faut que je pense d'abord à moi pour être bien avec les autres et prendre soin d'eux.

27 mai 2023 : Fiesta Boum Boum 3.0... enfin ! ! !

Cela fait plus de deux ans que j'essaie de fêter mes 40

ans, notre Pacs et la pendaison de crémaillère de la Maison du Bonheur. Quelle joie de pouvoir fêter ses 40 ans au lieu des 42 ! La semaine de préparation est très intense. Mon agenda est rempli de rappels, de rendez-vous, de choses à faire. Chaque jour qui passe, je me dis que je tiens le coup, que tout va bien. Je reste sereine mais toujours à l'écoute de mon corps et de ma tête. De toute façon, je vais y arriver, c'est sûr ! L'envie d'écrire un texte naît en moi. Je prends le temps de m'installer devant l'ordinateur et c'est parti ! Aucun syndrome de la page blanche, les mots viennent immédiatement. Le cœur parle. Quand j'écris, le premier jet est souvent le bon. Ici, je modifie juste quelques mots :

« Comme vous le savez peut-être déjà, faire des discours et ouvrir mon cœur ne sont pas choses faciles pour moi. Mais l'instant est trop important pour ne pas sortir ma plume et coucher mes émotions sur le papier. Être avec vous est une belle victoire. Les montagnes russes de la vie ont rendu le quotidien plus qu'incertain. À force de ténacité et de patience, nous voilà réunis. Merci à tous d'avoir répondu présents jusqu'à la troisième fois. Sans ma famille ni mes amis, cela n'aurait pas été possible. Je pense très fort à Lalie et Noah, mes warriors, qui décuplent mes forces pour franchir une à une les barrières. Une dédicace pleine d'amour aussi à Gaëtan sans qui la route serait encore plus chaotique. Notre devise 1 + 1 = 3 nous aide à avancer avec plus de force et de légèreté. Je suis heureuse de fêter notre anniversaire de Pacs ainsi que la maison. Et je remercie maman de m'avoir maintenue plusieurs fois en vie. Elle a toujours pallié mon absence et mes faiblesses pour s'occuper de ma petite famille. Mes enfants ont une super mamie et moi une super maman. J'ai vécu de jolis moments, des expériences fortes avec vous tous. Ils sont gravés dans mon cœur.

Nous sommes tellement contents de vous recevoir dans la Maison du Bonheur.

And thanks to Sam and Leigh who did not hesitate to use their passport and cross the Channel.

Bonne soirée à tous ! »

Les invités arrivent les uns après les autres. C'est un défilé d'embrassades, de câlins : que du bonheur ! De l'ocytocine à profusion ! J'attends les derniers invités avec impatience. Je parle calmement, chaque phrase se déroule naturellement, mes émotions sont sous contrôle même quand je vois ma maman commencer à pleurer... J'arrive enfin à exprimer mes émotions sans être envahie par elles. C'est un moment hors du temps, un pur cadeau de la vie. Je me sens bien, rien ne peut m'arriver. La vie peut être dure mais aussi douce et lumineuse. La roue tourne, il ne faut jamais en douter. Le cercle vicieux se transforme en cercle vertueux. La soirée est ponctuée de pépites, de moments riches en émotions. Qu'il est bon de se sentir vivante ! L'année dernière, j'étais aux urgences au mois de mai... Morale de l'histoire : ne surtout pas baisser les bras ! Le lendemain, « les Macs », mes amies du lycée restent manger à la maison. Je profite de ce moment pour vous les présenter : Marielle, Carine, Laurence, Morgane et Anne-Laure. Nous sommes six filles sans chichis qui riboulent la vie. Nous avons prévu une barbecue party amicale. La dernière fois que nous nous sommes toutes réunies date de 2017 ! La période de confinement n'a pas aidé, c'est sûr. La journée est très agréable. Les sourires, les rires et la bonne humeur sont au rendez-vous. J'ancre un maximum de bons moments, ça peut toujours servir. Voir nos enfants jouer ensemble est un pur bonheur ! Les festivités se terminent et je me prépare à avoir un coup de barre.

Dès le lundi matin, je ressens le contrecoup. Je ne lutte pas contre la fatigue, je l'accepte et je me repose selon mes besoins. Je veux être en forme pour le prochain événement important : l'enregistrement du single de mon amie Malala, coach vocale, mercredi. Cela m'a fait tellement plaisir quand elle m'a invitée. C'est un honneur pour moi. C'est la première fois que je vais dans un studio d'enregistrement. Elle ressent les premiers signes de stress, ce qui est normal : le fameux trac de l'artiste. Au réveil, elle est aphone. Sa voix est un peu éraillée, elle est essoufflée. Elle ne lâche rien et grâce à quelques exercices, elle retrouve sa voix sensuelle et pleine d'émotions. Quand je l'écoute avec mon casque, j'en ai des frissons (je suis reconnectée à mon corps). La magie opère. L'ingénieur du son est aussi sous le charme et reconnaît sa technicité. Au bout de quatre heures non stop, la chanson est enregistrée ! J'ai assisté à la naissance d'un joli single. Ce moment fait partie des pépites de la vie. Tout comme notre rencontre en 2019. J'ai eu envie d'avoir un moment rien qu'à moi, j'hésite entre la danse et le chant. Et j'ai un gros coup de cœur pour le site internet d'une certaine « Malala ». J'adore son prénom. Elle est d'origine Malgache. Un signe pour moi car le pays de cœur de ma maman est Madagascar. Je commence un ou deux cours et très rapidement elle me propose de participer à un concert. Euh, je crois halluciner ! Mais mon amour du challenge me fait dire oui. Je suis la seule du groupe à faire la surprise totale à mes proches : mes enfants, Gaëtan, maman et mon amie, Christelle. Malala commence à me présenter sous le terme d'un phénix, c'est la première à m'appeler ainsi. Et je me lève pour aller sur scène sous le regard médusé de ma famille. J'ai le trac. Je chante « Ma philosophie » d'Amel Bent. Chaque parole résonne en moi. Malala est désormais une très bonne amie, elle est solaire et sa voix si douce.

En ce moment, j'enchaîne les pépites... Vendredi, c'est la représentation de théâtre de mon fils. Cet événement va réécrire en couleur les souvenirs des dernières années où malheureusement j'étais en phase down. Donc je vivais ce moment plus comme une épreuve qu'un moment agréable. Cette année, c'est totalement l'inverse. Tous mes sens sont en éveil et je suis très fière de revoir à nouveau mon fils et sa troupe sur scène. L'œuvre est « Juliette et Roméo ». Je ressens de la chaleur en moi lors des applaudissements à la fin. Et l'endroit semble complètement différent de mes souvenirs torturés.

Je suis très fière des bonnes relations entre mes loulous, leur papa et leur maman. C'est très important pour leur équilibre. Ils savent que nous les aimons énormément.

Je croque la vie à pleines dents.

Témoignage du Dr François Louboff, mon psychiatre :

« Quel est votre regard sur mon parcours ?

Je dois reconnaître que malheureusement vous avez été maltraitée involontairement. Le diagnostic n'a pas été trouvé assez tôt. Il faut souvent dix ans pour le trouver. Vous n'aviez que des épisodes dépressifs donc mes confrères se sont tournés vers un traitement contre la dépression. Pourtant, avec vos antécédents familiaux, cela donnait une indication.

Est-ce que la bipolarité se déclare comme chez moi ?

Certains patients ont des crises maniaques ou hypomanes dès le début. Donc le diagnostic de bipolarité est posé directement. Dans tous les cas, il y a une grande souffrance. Pour vous, l'épisode maniaque est arrivé dix ans après, ce qui a enfin permis le diagnostic.

Peut-on parler de guérison ou vivre avec ?

On ne peut pas parler de guérison avec cette maladie. Il s'agit plutôt de stabilisation. Cet état est possible grâce à la psychoéducation, la régulation du stress, un sommeil régulier et récupérateur, une consommation d'alcool limitée. Il faut apprendre à vivre avec les crises qui laissent des traces comme des traumatismes. Il est utile de repérer les signes avant-coureurs (achats importants...). Et il ne faut surtout pas arrêter son traitement sous prétexte que l'on se sent mieux. Ce n'est pas vivre avec une épée de Damoclès car cela vous met en mode survie. Il faut vivre au maximum en respectant les conseils d'hygiène de vie.

Est-ce la maladie du siècle ?

C'est une maladie ancienne, avant on l'appelait psychose maniaco-dépressive. Il y a toujours une difficulté à diagnostiquer la bipolarité. Cela dépend de l'appréciation du psychiatre et des dires et comportements du patient. Une prise de sang est en cours d'élaboration pour détecter la pathologie. Cela va éviter des errances, des erreurs de diagnostics et diminuer considérablement le temps d'attente pour avoir un traitement adapté.

Quel est l'élément déclencheur ?
Si les personnes ayant un syndrome bipolaire en eux sont soumis à trop de stress, elles développent les premiers signes de la maladie. Ces derniers apparaissent vers 30-40 ans.

Témoignage de Marianne Derouet, mon accompagnatrice :

« J'accompagne Cathy depuis fin juillet 2023 dans le cadre d'un coaching. Lorsque j'ai reçu Cathy la première fois, elle m'a exposé sa demande : elle avait besoin de légèreté, de sérénité, de gagner en confiance et en estime. Par ailleurs, pratiquant l'hypnose, elle souhaitait pouvoir également se libérer d'émotions envahissantes, notamment la culpabilité.

Cathy m'a bien sûr fait part de son histoire personnelle et de la bipolarité qui, par épisode, peut la faire sombrer dans une forme de léthargie, elle m'exprime d'ailleurs que durant ces passages, elle n'est pas elle-même. Elle m'explique également qu'elle écrit le livre que vous avez entre les mains car elle souhaite transmettre ce qu'elle a vécu (et ce qu'elle vit encore) et désire rendre hommage à son père qui écrivait des poèmes.

Au fil des séances d'accompagnement, j'ai pu découvrir une femme infiniment sensible, intuitive et empathique, qui n'a pas été épargnée sur son chemin et qui, malgré tout, a continué à avancer avec courage et persévérance.

Ce que je remarque chez Cathy, c'est sa capacité à soutenir son entourage, à penser au bien-être des autres, alors même qu'elle souffre et porte de nombreuses blessures liées à son vécu et aux épreuves qu'elle a dû traverser : le rejet, l'abandon, l'humiliation, l'impuissance, la culpabilité ou encore l'injustice.

De ses blessures, Cathy en a fait des forces : elle est résiliente, compréhensive, créative, bienveillante et patiente. Bien sûr, elle n'a pas conscience de cette force qui est la sienne, de ses capacités qu'elle a su développer (elle ne les voit pas encore) mais je suis certaine qu'un jour prochain elle saura les voir.

Je n'aime pas les cases, je ne mettrai donc pas Cathy dans celle de la « femme bipolaire » car c'est beaucoup trop réducteur et c'est faire l'économie de tout ce qu'elle est. Je sais qu'elle porte le poids de ses blessures et que celui-ci s'allège peu à peu, au gré du chemin qu'elle parcourt. Je sais combien

Cathy est une femme volontaire qui a une farouche envie de s'épanouir et d'être sereine.
Cathy met toute son énergie à mieux se connaître, à mieux s'aimer, à s'accepter dans toutes ses facettes et à s'autoriser à être heureuse. La vie est faite de hauts et de bas, il n'est pas question ici de prétendre le contraire, mais je pense qu'avec tout ce qu'elle met en œuvre, elle saura épouser les vagues de l'existence avec moins de dureté à son égard et davantage de douceur pour elle-même.
Je pense que son témoignage est précieux et porteur d'espoir pour toutes celles et ceux qui traversent des épreuves et qui pourront peut-être se reconnaître à travers certains épisodes de vie de Cathy.
C'est avec grand plaisir que j'accompagne Cathy et que je la vois évoluer sur le chemin de l'acceptation et de la confiance, elle se met en action et ce livre est un acte fort d'amour de soi et d'autorisation, bravo.
Je la remercie chaleureusement pour sa confiance et la félicite pour tout ce qu'elle met en place dans sa vie. »

Pour terminer ce récit de ma vie, j'aimerais être vue en tant que Cathy tout simplement, pas une personne dans une case ou avec une étiquette. On ne peut pas regarder une seule facette d'une personne. Des questions restent bien sûr en suspens dans ma réflexion :

– Comment continuer la stabilisation ?

– Comment faire le deuil d'une possible guérison ?

– Comment préserver mon entourage ?

– Comment avoir des projets ?

Mais j'ai aussi des certitudes et des souhaits :

– J'aimerais entretenir des bulles de lumière pour éclairer ma vie et celle de mes proches

– Cette maladie me pousse à profiter au maximum des bons moments de la vie

– Il est important de faire attention à certains praticiens qui profitent de l'état de faiblesse de la personne

– Je voudrais réussir à perdre tous ces kilos que je traîne depuis mon enfance et décuplés par mon traitement

– J'ai un rêve : faire découvrir Israël, mon autre pays de cœur, à ma petite famille

– J'aimerais voyager un maximum

– Je voudrais avoir une activité professionnelle épanouissante et florissante

– J'aimerais trouver des projets qui me tiennent à cœur

– J'ai une urgence à vivre ma vie

– Je souhaite la meilleure vie possible à mes enfants, qu'ils se respectent, s'aiment, aient une bonne estime d'eux et sachent dire non

MA DEVISE : CARPE DIEM !

À mes chers enfants

Quoi de plus beau dans un bureau
Qu'un ordinateur et un stylo,
Pour mieux épancher ses sentiments.

Aussi, il ne faut pas oublier,
Et surtout prendre bien le temps,
De puiser parmi ses mots, l'expression
La plus juste et à la fois la plus simple.

On se doit de tout écrire sans détours,
Pour ne rien regretter...
C'est alors que le cœur se serre
Et un bonheur de faire plaisir,
Envahit tout mon état d'âme.

Je ne vous cache pas toute l'émotion,
Que je ressens et je prends
Mon cœur pour mieux vous aimer.

Dad

LISTE DES RESSOURCES

Psychiatrie mais pas que...
Naturopathie
Acupuncture
Kinésiologie
Hypnose
EMDR (yeux et oreilles) L'intégration neuro-émotionnelle par les mouvements oculaires
Chromothérapie (soin par les couleurs)
Méditation en pleine conscience
Lecture
Ecriture
Loisirs créatifs
Massages
Relaxation
Chant et musique
« Grand bien vous fasse ! » par Ali Rebeihi sur France Inter en podcast
« Métamorphose, éveille ta conscience ! » par Anne Guesquière en podcast

Mont des Béatitudes en Israël (un lieu de ressourcement, de refuge pour moi)

Maison perchée : association non médicalisée spécialisée pour les jeunes adultes vivant avec un trouble psychique et basée sur la pair-aidance, en ligne et à Paris

ÉTAPES DE LA MÉTHODE PHŒNIX

Ou comment renaître toujours plus fort ?
Voyage de l'ombre vers la lumière
(Mémo à moi-même et à vous, à consulter en cas de besoin)

– Je vois davantage ce que je ne fais pas, plutôt que ce que je fais
– Je ne vois que le négatif me concernant
– J'envoie des messages négatifs sur moi à mon entourage (famille et amis)
– L'énergie et l'envie diminuent
– Je perds le sommeil
– Le niveau de libido baisse
– Quand je suis devant un miroir, mon regard a changé, il me fait peur
– Je doute de moi
– Je fais comme si, et mon entourage ne se doute pas que ça ne va pas bien
– Je n'arrive plus à faire des choix, même les plus simples
– Je ne prends plus d'initiatives
– Un voile gris voire noir s'installe
– Je me sens dans une autre dimension par rapport à mes proches
– Mes ressentis sont biaisés et mes sentiments atténués, faussés ou inexistants
– Je n'ai plus confiance en moi
– Les interactions sociales me fatiguent et sont compliquées

– Je passe des journées au lit sans dormir même si les enfants me disent de me lever
– J'ai du mal à trouver mes mots et j'ai des soucis de mémoire
– Je fais comme si pour ne pas embêter mon entourage avec mon humeur morose
– Dans les phases les plus dépressives, des idées noires apparaissent et s'accrochent, il faut alors apprendre à vivre avec et à ne pas y succomber
– Il faut éviter d'être seule dans ces moments-là pour éviter toutes tentations
– Le plus difficile est de ne pas savoir où est le bout du tunnel et de ne pas se reconnaître
– Je suis comme une personne qui ne ressent plus rien ou presque rien (anhédonie), je me dis que je suis un monstre
– Plus rien n'a de saveur, aucune envie n'est là
– J'écoute la chanson « Blinding lights » de The Weeknd pour me faire réagir
– Je regarde la vidéo où la Cathy qui va bien parle à celle qui souffre
– Jusqu'au jour où quelques lueurs apparaissent dans ce ciel si obscur (comme en plongée sous-marine, quand on remonte vers la lumière)
– Là, je sais que je vais remonter à la surface, le processus est amorcé
– L'espoir renaît, je me dis que j'ai réussi à tenir une fois de plus, c'est comme un sentiment de fierté et de soulagement
– Jour après jour, le mieux-être s'installe
– Il faut apprendre à surfer sur cette vague et reprendre confiance en soi, en la vie
– Les signes ne trompent pas : je recommence à envoyer des messages téléphoniques, je mets des rendez-vous sur mon agenda, je recommence à faire des dépenses (pas démesurées)

– L'envie et la vie reprennent place dans mon corps et dans ma tête
– Je ressens revenir ma libido
– Je me reconnais enfin, je retrouve ma capacité à faire des choix, prendre des décisions
– J'ai toujours la question de savoir comment je dois redémarrer, pas trop vite mais assez quand même, tout est une question de mesure
– Les projets réapparaissent ou apparaissent, même si je ne sais pas de quoi sera fait l'avenir, j'ai envie d'y croire
– Je sens que les enfants ressentent très bien quand je vais mieux, ça fait du bien
– Le sourire à mes lèvres ne trompe pas tout comme le ton de ma voix
– Cathy est revenue !
– J'enregistre une vidéo destinée à la Cathy qui ne va pas bien pour qu'elle voie qui elle est vraiment

REMERCIEMENTS

Merci à Noah et Lalie, mes deux enfants, source de tant d'amour et de bonheur. Grâce à vous, j'ai découvert l'amour inconditionnel.

Merci à Gaëtan de m'avoir soutenue et d'avoir participé activement à ce livre. Grâce à toi, j'ai appris à aimer à nouveau.

Merci à ma maman d'avoir accouché plusieurs fois de moi.

Merci à mon Dad que je n'ai jamais autant senti présent depuis qu'il nous a quittés.

Merci à toutes les personnes qui ont témoigné leur amour.

Merci aux thérapeutes qui m'accompagnent dans ce chemin de vie.

Merci à Emmanuelle Jappert, ma coach littéraire, sans qui ce projet n'aurait pas abouti.

Merci à Lora Gibier pour la magnifique illustration qui colore mon récit.

Merci à mes relectrices pour leur travail éclairé.

Merci à la vie, même si elle peut être jonchée d'obstacles, elle est tellement belle.

TEMOIGNAGES AU COMPLET

Témoignage de Sam, une ancienne collègue et amie anglaise :

« How was my behaviour at work ? what are my best skills ?
You were the consummate professional wearing many hats and doing many different tasks (sales support, order processing, staff management, finance, logistics, admin, HR) and we could see you flourish – you loved being involved in A3F at its start and seeing it grow and knowing this was because of your valued added contribution.
You were highly commercial, very insightful, supportive to the sales guys and admin staff and a pleasure to work with, you got the Tama spirit and values right from the start – we talk about fit – you had it ; a pro-active team player who didn't just care about her personal professional results, but those of the whole team – and you cared, this is something I now recognise from years of recruitment, the ones that fit best in Tama are the ones who genuinely care, but this can take its toll, too and demand a lot from its workers.
You were friendly, helpful, informative, knowledgeable and a collaborative worker.
You mixed commercial, product and administrative knowledge all together – a real all-rounder.
A trustworthy, kind and intelligent colleague

Did you see I had ups and downs ?
Not as much as I think I should have done, it was difficult as you were in France and I was in the UK, so I didn't see you daily.
Only in the later years, you could just tell that you had lost a bit of your sparkle and your sense of direction. I think we

thought before your diagnosis that it was depression as we slowly built the TFR team around you, and slowly you lost more of the tasks you had done before... like we were taking a baby away from its mother !
In the last year yes, your colleagues were very concerned for you and reached out to me to let me know how worried they were for you and when I saw you face to face, you could see you had gone inside yourself.

Did you think I was fragile ?
No, the opposite at the start, you were invincible, taking everything on and doing everything so brilliantly – but maybe this cost you your health ? I wonder if you worked too hard at the start and then collapsed when you thought you could, that TFR was in safe hands ? So all the time we thought you were superwoman and maybe it was too much pressure for too long before we saw how it affected you ? I feel we should have seen your fragility sooner, we only saw it in the last year or so.
What are the best memories with me ?
Visiting you in the early days with A3F, with you, Fred and Matthieu the original crew, how much you felt part of the team, how motivated and animated you were to be right in the heart of it !
Sales seminars with you, your wedding, meeting your children, being able to spend time with you outside of work. I have loved our more social meetings – staying at your house, meeting Noah and Lalie when they were much smaller, and then recently – I so so loved our slow and gentle time fossil hunting times together, loved your birthday party and that you could come to mine. I feel we have a deep connection and it makes us both happy when we can meet and spend time together. We don't have to say much, our friendship is special and lasting, whatever we do.
I was all at once profoundly sad and also proud that I was

sent to meet you at your home to speak to you about leaving Tama France, I was so worried for you and your family at this time and so wanted to do the right thing by you and yet also needed to for TFR – it was a big test of my HR capabilities and I hope and think we achieved this together from mutual trust and respect.

Do you miss any moments from this time ?
I miss working with you, as you were. I miss the smaller team feel of Tama, in general – it is now an unrecognisable big beast, and we cannot know everyone as well as we did in the early days of setting up the TED sales companies, it's a shame really, as with Tama's growth, I feel we have got a bit distanced from actually knowing the people we work with. I think I miss working hands on, doing everything quickly, and it being acknowledged we were the best (local) people to do what was right in our markets. So yes, I think as Tama grew, I think some people felt left behind and that makes me sad.
Hope this helps Lovely Cathy, look after yourself, you are a precious star ! »

Témoignage de Lise, une ancienne collègue et amie :

« Comment je me comportais au travail ?

Tu étais discrète et assidue. Il n'y avait pas de débordement. Même si les choses ne te convenaient qu'à moitié tu les faisais sans sourciller. Tu arrivais toujours à trouver des circonstances atténuantes aux commerciaux et à notre responsable. J'ai vu récemment une humoriste qui expliquait très bien que parfois on pouvait exprimer notre désaccord et faire des vagues. On te voyait tous comme l'employée parfaite sans failles dans son travail. La marche était haute pour arriver à ton niveau et faire du 0 erreur. Et avec l'expérience, nos « faiblesses » sont autant d'opportunités d'apprentissage et nos erreurs des sources de progrès finalement. Ainsi on se pardonne et on se donne le droit à l'erreur.

J'ai souvenir que le besoin de polyvalence et le contexte de création d'entreprise nous a fait accepter beaucoup de choses et de flexibilité. C'était très formateur au début, mais à la fin cela pouvait être épuisant car quand les bonnes volontés sont toujours les mêmes, elles s'essoufflent.

Encore aujourd'hui, je suis dans l'aide ++ et mes collègues venant d'autres entreprises ne comprennent pas cet engagement.

Très vive d'esprit, tu comprenais tellement bien et cela paraissait tellement évident pour toi que souvent tu finissais l'explication dans ta tête.

As-tu remarqué des hauts et des bas ?

Avant tes périodes de moins bien, c'est la constance qui te caractérisait. Tu te réjouissais des choses simples. Ta bonne humeur était communicative.

À y réfléchir, il y a eu un avant/après l'arrivée de ton fils. L'arrivée d'un enfant et le manque de sommeil peuvent faire cet effet là aussi. Je me souviens que tu m'avais dit que si je n'avais pas pris mon 80 %, tu l'aurais demandé. Définir tes priorités et tes besoins en fonction des autres, ce que tu penses que l'on attend de toi, peut à terme être un frein. Je te dis ça en connaissance de cause.

Pensais-tu que j'étais fragile ?
Non, fragile n'est pas le mot. C'est davantage ta pudeur sur tes émotions ou sur ce que tu vivais qui selon moi ne t'a pas aidée. À force de garder pour soi, le vase se remplit et finit par déborder.

Quels sont tes meilleurs souvenirs avec moi ?
Mis à part les retours en camionnette de nuit, les petites rigolades… Ton invitation quand nous étions venus à Angers Anthony et moi. C'était la première fois qu'on m'organisait une sortie surprise. Cela m'avait vraiment touchée et on avait passé un moment très agréable. J'avais pu plus te découvrir au travers des échanges pendant cette soirée.

Regrettes-tu certains moments de cette époque ?
Non, je pense qu'il y a des chemins de vie à emprunter. Bon ou moins bon, tout nous permet d'apprendre et de comprendre. Cela nous aide à choisir les choses sur lesquelles on souhaite porter de l'importance et celles sur lesquelles on sait qu'on n'a pas le contrôle.

Quelles sont mes compétences ?
Bonne analyse de la situation
Bon suivi des projets
Œil de lynx
Organisation++ »

Témoignage de Matthieu, un ancien collègue et ami :

« Comment je me comportais au travail ?
Les premiers mots seraient : une personne posée, calme, souriante et toujours de bonne humeur.

As-tu remarqué des hauts et des bas ?
Je dirais non, pas vraiment. Nous avions toujours l'impression de voir Cathy identique, sans malheureusement percevoir de réelle problématique

Pensais-tu que j'étais fragile ?
Une fois de plus non, rien ne laissait transparaître une fragilité. Je dirais même que l'image de Cathy devait être toujours la même, sérieuse au travail, pas de soucis. Comme si on avait deux Cathy. Une Cathy dans le domaine professionnel et une Cathy dans le domaine privé.

Quels sont tes meilleurs souvenirs avec moi ?
Il y en a tellement. On a commencé l'aventure Tama ensemble en 2005. Les fous rires au bureau rue Carnot, Les compétitions de cuisine. Mon premier bureau dans les toilettes ! ! !. Les premiers fax en 2005 où l'on attendait les premières commandes. Et puis tout simplement, le plaisir de travailler ensemble comme un réel binôme. Même aujourd'hui, Cathy restera une de mes meilleures collègues depuis dix-huit ans.

Regrettes-tu certains moments de cette époque ?
Non, on ne pouvait pas à l'époque. L'entreprise était en plein essor, chaque année était différente (ce qui fait la force de cette société). Je pense toujours que beaucoup de personnes nous enviaient de pouvoir travailler dans une entreprise avec une réelle vision.

Quelles sont mes compétences ?
Sérieuse, rigoureuse, à l'écoute des gens, l'amour du travail bien fait, organisé, la maîtrise des outils, la volonté de s'assurer que les choses fonctionnent.

En complément :
Cathy était toujours dans les comités de nouveaux projets. Il y avait un grand respect de la part de Tama Group pour son professionnalisme. D'où le surnom « Holy Cathy ». Cet acquis a été construit par son « savoir-être » bien sûr mais aussi par ses performances. Cela sera un des points que je me rappellerai. »

Témoignage de Marielle, une amie très fidèle :

« Je n'ai pas souvenir du moment précis où j'ai vu Cathy pour la première fois, c'était lors de notre entrée au lycée. Je me suis retrouvée par hasard à côté de Cathy pour un cours d'option, et ça je m'en souviens comme si c'était hier. J'avais toujours une petite appréhension à passer tout un cours à côté d'une personne que je ne connaissais pas. Cette fois ci c'était différent, c'était comme une évidence, comme si on se connaissait déjà, ou comme si on se reconnaissait ! J'ai tout de suite senti chez Cathy une sensibilité et une gentillesse innée. Tout était simple...

Petit à petit des groupes se sont formés et Cathy a toujours fait partie du mien. C'était une adolescente sympathique, discrète, amicale et travailleuse. On aimait rire et raconter des bêtises comme toutes les adolescentes. Il y avait cependant un petit quelque chose d'insaisissable chez elle. Je pense que l'on n'était pas assez mûres, ou trop dans l'amusement pour se dire des choses profondes, ou confier nos difficultés face à la vie. On était dans la légèreté et c'est peut-être ce dont elle avait besoin. Aujourd'hui, la connaissant mieux, elle et sa vie, je regrette de ne pas avoir plus cherché à échanger sur certaines choses.

Le lycée terminé, nous nous sommes retrouvées toutes les deux à Angers en études supérieures. Une nouvelle vie commençait. Cathy avait toujours été sérieuse dans son travail et dans ses études et cela ne changeait pas. Elle était douée, travailleuse et je savais qu'elle irait où elle voulait !

J'avais appris au fil du temps à connaître sa famille, son papa, sa maman, sa sœur. Nous avons toujours été très bien accueillies chez eux. Le souvenir qui m'a le plus marquée est le regard de son papa quand je venais la chercher le dimanche soir pour partir à Angers. Il y avait dans ses yeux et dans son sourire tout l'amour qu'il portait à sa fille, et toute la reconnaissance qu'il me donnait à être son amie. J'ai même

eu le droit de sa part à de jolis poèmes ! C'était beau sa façon de regarder sa fille.
Dans notre groupe d'amis, on savait que le papa de Cathy avait des soucis de santé, mais nous ne savions pas précisément lesquels. Si Cathy n'en parlait pas, c'était son choix, nous voulions la laisser libre de nous dire ce qu'elle souhaitait. Elle ne m'avait pas non plus parlé du divorce de ses parents. Ils avaient chacun leur maison, c'était un fait, mais nous n'osions pas trop aborder ces sujets... Elle était très discrète sur sa vie et nous respections cela, peut-être trop comme je l'ai déjà dit.

Nous sommes partis en voyage à l'étranger, au bord de la mer, Cathy et moi... Ce sont, je pense, des souvenirs précieux pour nous deux. Dans notre groupe d'amies, on était deux personnes à avoir une relation plus privilégiée avec elle. Je ne sais pas si elle s'épanouissait vraiment quand on était toutes réunies, mais je sais qu'on passait de bons moments quand on était toutes les deux... On pouvait toujours rire avec Cathy, parler, échanger, toujours d'humeur égale et à l'écoute. C'était et c'est toujours mon amie.
Notre relation a évolué avec le temps. On a grandi, on a traversé des épreuves et aujourd'hui on a appris à se parler vraiment. Je sais en partie ce qu'elle a traversé dans la vie, je l'ai connue dans des situations tellement difficiles... J'aurais aimé pouvoir en faire plus, mais je me suis sentie parfois tellement impuissante pour l'aider.
Aujourd'hui, il y a des moments où c'est difficile, où je la reconnais moins, et il y a des moments où je la retrouve, où c'est elle qui a l'énergie et du positif pour deux !
Pour moi, ce qu'on ne pourra jamais enlever à Cathy : c'est sa FORCE, car je vous mets au défi de traverser tout ce qu'elle a traversé. Ce qu'on ne pourra jamais enlever à Cathy : c'est sa GENTILLESSE, elle est toujours là pour vous, vraiment, avec empathie et vérité. Ce qu'on ne pourra jamais enlever à

Cathy : c'est L'AMOUR, l'amour que lui portait son papa et que lui porte sa maman, ses enfants, Gaëtan, sa famille, ses amis... et bien sûr l'amour qu'elle leur rend. »

LIENS DES CHANSONS

Hoshi (feat. Calogero) – « Ne saute pas » (2023)

Jean-Louis Aubert – « Bien sûr » (2019)

Brigitte – « Battez vous » (2011)

Lady Gaga, Bradley Cooper –
« Shallow (from A Star Is Born) » (2018)

Louane – « Secret » (2022)

Yannick Noah - « Ose » (2003)

Jenifer - « J'attends l'amour » (2002)

Zaho de Sagazan - « La symphonie des éclairs » (2023)

Pierre Bachelet - « En l'an 2001 » (1986)

Amel Bent - « Ma philosophie » (2004)

The Weeknd - « Blinding lights » (2020)

PETIT BONUS...

Témoignage de mon fils Noah, 13 ans :

« Tes impressions sur le livre :

C'est très bien de l'avoir fait. Cela a un rôle pédagogique. C'est un grand témoignage d'une personne avec de petits témoignages à l'intérieur.

Quelques bons souvenirs partagés :

– Quand on est allés en Angleterre avec papa et maman

– Quand on est allés en Laponie

– Quand on est allés à Paris avec Lalie et maman

Tes souvenirs les plus difficiles :

Pendant que papa et maman nous ont annoncé leur séparation, Lalie dessinait sur la table.

Message pour maman :

Je souhaite que maman vende son livre afin d'aider plein d'autres personnes dans la même situation. »

Témoignage de ma fille Lalie, 10 ans :

« Tes impressions sur le livre :
C'est bien de l'avoir fait. Elle peut être connue.

Quelques bons souvenirs partagés :
– À Chamonix, quand on va au restaurant avec mes cousins
– En Italie, quand on loge dans un cloître près d'une petite église
– Vacances au gîte avec les cousins

Tes souvenirs les plus difficiles :
En 2021, quand on est allés chez papa avec Evan et Sarah quand maman n'était pas bien.

Message pour maman :
Je souhaite que tu ailles mieux jusqu'à la fin de ta vie. Je t'aime. Gros bisous. »

Table des matières

Dépôt légal mai 2024

Librinova

www.librinova.com

Achevé d'imprimer chez SoBook le 20-06-2024
Linselles - France

Nos papiers sont issus de forêts gérées durablement

N° impression : 917 792